# 我们身边的法律常识

WO MEN SHEN BIAN DE FA LV CHANG SHI

绥芬河市司法局◎编

黑龙江教育出版社

图书在版编目（CIP）数据

我们身边的法律常识/绥芬河市司法局编. -- 哈尔滨：黑龙江教育出版社，2018.10
ISBN 978-7-5709-0428-0

Ⅰ.①我… Ⅱ.①绥… Ⅲ.①法律—基本知识—中国 Ⅳ.①D920.5

中国版本图书馆CIP数据核字(2018)第254344号

## 我们身边的法律常识
Women Shenbian De Falü Changshi

绥芬河市司法局　编

| 责任编辑 | 宋怡霏　张　鑫 |
| --- | --- |
| 封面设计 | 刘乙睿 |
| 责任校对 | 王　琳 |
| 出版发行 | 黑龙江教育出版社 |
|  | （哈尔滨市道里区群力新区第六大道1305号） |
| 印　　刷 | 哈尔滨市石桥印务有限公司 |
| 开　　本 | 880毫米×1230毫米　1/16 |
| 印　　张 | 9.25 |
| 字　　数 | 150千 |
| 版　　次 | 2018年10月第1版 |
| 印　　次 | 2018年10月第1次印刷 |
| 书　　号 | ISBN 978-7-5709-0428-0　　定　价　20.00元 |

黑龙江教育出版社网址：http://www.hljep.com.cn
如有印装质量问题，影响阅读，请与我厂联系调换。联系电话：0451-82342231
如发现盗版图书，请向我社举报。举报电话：0451-82533087

# 前 言

"法治兴则国家兴，法治强则国家强"。习近平总书记在十九大报告中强调："全面依法治国是国家治理的一场深刻革命，必须坚持厉行法治，推进科学立法、严格执法、公正司法、全民守法。"十九大对全面依法治国的战略部署，为我们描绘了中国法治建设升级版蓝图，将全面依法治国引领进入新时代，踏上新征程。为深入贯彻落实十九大关于全面依法治国精神，持续推进"七五"普法工作，使法治成为人们的思维方式、工作方式和生活习惯，引导公民自觉尊法、学法、守法、用法，我们结合以往"法律进机关、进单位、进企业、进校园、进社区、进农村、进军营"等法治宣传教育活动中了解到的广大人民群众的现实法律需求，编写了这本《我们身边的法律常识》。希望通过这本人人都能看得懂且用得上的法律书籍普及法律知识，传播法治文化，培育法治信仰，积极引导人民内心尊崇法治，真诚信仰法律，从而提升全民族法治素养和道德素质。《我们身边的法律常识》一书内容丰富，涵盖民法总则、婚姻家庭、继承与赡养、物权、侵权责任、劳动权益保障、房产交易、信贷担保、民事诉讼等法律知识。本书采用大众化、通俗易懂的语言，向读者介绍了社会生活中需要的法律知识点，做到分类科学、便于检索。由于本书内容丰富，所涉法律门类与条文众多，加之编者水平有限，书中难免会有疏漏之处，敬请广大读者予以谅解并不吝赐教。

本书编委

2018年4月

# 目 录

## 第一章 民法总则篇

民事行为能力是如何划分的？ …… 003
【以案释法】十六岁少年的交易行为有效吗？ …… 004
胎儿有继承权吗？ …… 005
孩子的存款，父母可以任意支配吗？ …… 005
丈夫失踪，妻子应为丈夫清还债务吗？ …… 005
监护人都有哪些职责？ …… 005
【以案释法】孩子闯祸，家长要承担什么责任？ …… 006
担任监护人的顺序是怎样规定的？ …… 006
亲生父亲能被剥夺监护权吗？ …… 007
【以案释法】单亲父母无力抚养，能否将孩子送人？ …… 007
妻子离家三年多无音讯，丈夫能申请宣告她死亡吗？ …… 008
宣告死亡以后当事人回来了怎么办？ …… 008
退伙后还需要承担合伙的债务吗？ …… 009
【以案释法】法人和法人代表是一回事吗？ …… 009
搬家公司职员造成的损失由谁承担？ …… 010
【以案释法】离职员工以原单位名义与他人签订的合同有效吗？ …… 010
还钱还错了人怎么办？ …… 011

【以案释法】本可以不还的钱，还了能否要回？·················011

替别人的孩子看病垫付的钱，能向其父母索回吗？··············011

再婚后，母亲有权私自让孩子改姓吗？······················012

购买不合格产品，过了诉讼时效就不能索赔了吗？··············012

为了少交税，私下订立的合同有效吗？······················012

欠条不写日期，过期作废吗？·····························012

半张脸也有肖像权吗？··································013

遭到前男友恶意诽谤怎么办？·····························013

## 第二章 婚姻家庭篇

法院因夫妻分居满两年就能判决离婚吗？·····················017

男方在女方怀孕期间可以向法院提出离婚吗，法院应当受理吗？·····017

一方能因在抚养子女方面尽的义务多于另一方就在离婚时要求补偿吗？···017

男方有外遇，女方在起诉离婚时，有权要求精神损害赔偿吗？·······018

【以案释法】协议离婚，还可以要求损害赔偿吗？··············018

夫妻共同财产包括娘家陪嫁的财产吗？······················019

【以案释法】当事人按照习俗给付的定亲彩礼能否请求返还？······019

一方在离婚时转移财产，另一方应当如何维权？················020

【以案释法】离婚时一方隐匿了财产怎么办？·················021

离婚时，双方都想要获得房子的所有权怎么办？················021

婚前财产会转化为夫妻共同财产吗？·······················022

【以案释法】住房公积金属于夫妻共有财产吗？················023

【以案释法】夫妻一方得到的赔偿属于夫妻共有财产吗？··········024

婚前财产协议怎样写才具有法律效力？······················024

做婚前财产公证有哪些益处？·····················025

【以案释法】婚前贷款买房，婚后共同还贷的，离婚时房产产权如何分割？
·····················027

夫妻双方离婚时，子女的抚养权应该由谁获得？···········028

离婚后，孩子的抚养权是否可以变更？················028

【以案释法】离婚子女抚养权法律上是怎样规定的？········028

离婚后，一方可以因另一方不支付抚养费向法院申请强制执行吗？····030

被人收养后的孩子与亲生父母是什么关系？··············030

父母已经把养子女抚育成年，那么收养关系还能解除吗？······030

与有夫之妇或者有妇之夫同居是否构成重婚罪？···········031

婚姻当事人一方死亡后，哪些人可以提出死亡人的婚姻无效？提出婚姻无效是否有期限限制？·····················031

## 第三章 继承与赡养篇

继承从什么时候开始？·························035

非婚生子女没有继承权吗？······················036

母亲过世早，外孙女是否可以继承外公的财产？···········036

可以因多尽赡养义务而要求多分些遗产吗？··············036

【以案释法】免除某一子女的赡养义务的约定是否有效？······037

哪些是遗嘱的订立形式？·······················038

遗嘱继承与法定继承，哪个优先？··················038

相互有继承关系的人同时死亡的，死亡时间如何确定？········038

老人过世时的分家析产就是继承吗？·················040

【以案释法】临终前立的口头遗嘱有效吗？·············040

丧偶儿媳、女婿在什么情况下拥有对公婆、岳父母的继承权？⋯⋯⋯ 041

因父亲声明断绝父子（女）关系，子女就不用履行赡养义务了吗？⋯⋯ 041

养子女成年后不尽赡养养父母的义务，在养父母死亡后是否还有继承遗产的权利？⋯⋯⋯⋯⋯⋯⋯⋯⋯⋯⋯⋯⋯⋯⋯⋯⋯⋯⋯⋯⋯⋯⋯⋯⋯⋯⋯⋯⋯ 042

养子女已与养父母解除关系的，是否可以继承生父母的遗产？⋯⋯⋯ 042

【以案释法】养子女和继子女可以继承生父母的遗产吗？⋯⋯⋯⋯ 042

死亡抚恤金是否属于遗产？⋯⋯⋯⋯⋯⋯⋯⋯⋯⋯⋯⋯⋯⋯⋯⋯⋯⋯ 043

有限责任公司的股东资格能否继承？⋯⋯⋯⋯⋯⋯⋯⋯⋯⋯⋯⋯⋯⋯ 044

著作权能否作为遗产继承？⋯⋯⋯⋯⋯⋯⋯⋯⋯⋯⋯⋯⋯⋯⋯⋯⋯⋯ 044

宅基地可以继承吗？⋯⋯⋯⋯⋯⋯⋯⋯⋯⋯⋯⋯⋯⋯⋯⋯⋯⋯⋯⋯⋯ 045

人寿保险中的保险金可以作为遗产继承吗？⋯⋯⋯⋯⋯⋯⋯⋯⋯⋯⋯ 045

无人继承的财产如何处理？⋯⋯⋯⋯⋯⋯⋯⋯⋯⋯⋯⋯⋯⋯⋯⋯⋯⋯ 045

为胎儿所留遗产份额属于谁？⋯⋯⋯⋯⋯⋯⋯⋯⋯⋯⋯⋯⋯⋯⋯⋯⋯ 046

被继承人去世后，房产如何办理过户手续？⋯⋯⋯⋯⋯⋯⋯⋯⋯⋯⋯ 046

【以案释法】父母去世，独生子女如何继承遗产？⋯⋯⋯⋯⋯⋯⋯ 047

老人立遗嘱并进行公证有什么好处？⋯⋯⋯⋯⋯⋯⋯⋯⋯⋯⋯⋯⋯⋯ 049

遗嘱无效，那么遗产该如何分配？⋯⋯⋯⋯⋯⋯⋯⋯⋯⋯⋯⋯⋯⋯⋯ 049

【以案释法】立遗嘱后又对遗嘱财产进行了处理，遗嘱还有效吗？⋯⋯ 050

遗嘱是被他人胁迫订立的，是否有效？⋯⋯⋯⋯⋯⋯⋯⋯⋯⋯⋯⋯⋯ 050

哪些人不能作为遗嘱见证人？⋯⋯⋯⋯⋯⋯⋯⋯⋯⋯⋯⋯⋯⋯⋯⋯⋯ 050

法定继承人能够被遗嘱剥夺继承权吗？⋯⋯⋯⋯⋯⋯⋯⋯⋯⋯⋯⋯⋯ 050

## 第四章　物权篇

开发商可以将小区的停车位高价卖掉吗？⋯⋯⋯⋯⋯⋯⋯⋯⋯⋯⋯⋯ 055

如何转让第三人占有的动产？ ················· 055
抵押的房屋被他人损坏，谁有权提出赔偿？ ············ 056
违反交易习惯进行交易，能认定受让人存在过失吗？ ········ 056
嫁到外村的妇女的责任田被征收，能获得补偿吗？ ········· 056
误买了别人走失的狗，失主可以索还吗？ ············· 056
小区内的绿地归谁所有？ ····················· 057
【以案释法】小区的车位到底归谁？ ··············· 057
业主不同意业主大会的决议，可以不执行吗？ ··········· 058
【以案释法】房子空置也要交物业费吗？ ············· 058
未在物业服务合同中体现的服务项目，业主能否拒交物业服务费？ ···· 059
业主违约，物业公司就可以停水、停电吗？ ············ 059
【以案释法】业主家漏水导致电梯停运，物业公司应承担责任吗？ ··· 060
为装修而搬运建材，邻居不让通行怎么办？ ············ 061
【以案释法】由于邻居挖地窖导致自家房屋损坏怎么办？ ······ 061
【以案释法】小区内搬进加工作坊，居民不堪忍受噪声怎么办？ ··· 062
自家房屋被新建的楼房遮住阳光、挡住通风怎么办？ ········ 062
住宅70年到期后，房屋所有人就不再享有所有权了吗？ ······· 062
城里人可以在农村取得宅基地使用权吗？ ············· 063
货运到后托运人不付运费怎么办？ ················ 063

## 第五章　侵权责任篇

侵权人不确定的情况下如何实现被害人权利？ ··········· 067
【以案释法】两个流动小商贩躲避城管时共同撞伤他人，谁来赔偿损失？ ·· 067
侵权行为是因受害人主观故意造成的，谁来承担责任？ ······· 068

侵权行为是由工作人员在工作中造成的，所在单位应当赔偿吗？······069
消费者在超市免费寄存的财物丢失，是否应当由超市承担责任？······069
顾客丢失随身携带财物，宾馆应否承担责任？······069
因消费者未能亲自签收快递导致商品丢失，应如何处理？······070
小学生在学校发生意外，学校要负责吗？······070
【以案释法】学生在校时，被校外车辆隔钢丝网撞伤，学校承担责任吗？··071
未满18周岁少年有赔偿能力，将人打伤后，其父母可以不承担侵权赔偿责任吗？······071
销售商家拒绝提供生产厂家信息时，是否应对产品造成的损害承担全部责任呢？······072
销售者赔偿了缺陷产品的损失，是否有权向生产厂家追偿？······072
没有经过双方当事人的同意，可以就交通事故损害赔偿进行调解吗？···072
【以案释法】多人同在交通事故中死亡，赔偿时可以"同命不同价"吗？··073
已经交付但未办理所有权登记的机动车，经过多次买卖后发生交通事故时，由谁承担责任？······073
未经车辆所有人同意而擅自驾驶车辆造成他人损失的，机动车所有人需要承担赔偿责任吗？······074
饲养的宠物致人伤害怎么办？······075
花盆砸伤路人造成的损害应由谁承担？······075
人肉搜索对人致害，网站和发帖人是否负赔偿责任？······075
【以案释法】女白领网上发帖揭露月嫂，是否涉及侵权？······075

## 第六章 劳动保障篇

员工到新公司开始上班，应当从什么时间开始签订劳动合同？······079

员工在试用期内，都有哪些权利？ · · · · · · · · · · · · · · · · · · · · · · · · · · 080

【以案释法】用人单位可以向应聘员工随便收取费用吗？ · · · · · · · · · 080

员工在做兼职时，可以拒绝签订书面劳动合同吗？ · · · · · · · · · · · · · · 081

试用期不给工资可以吗？ · · · · · · · · · · · · · · · · · · · · · · · · · · · · · · · · · · · 081

劳动者谎报学历对签订的劳动合同效力是否有影响？ · · · · · · · · · · · · 081

已经履行的劳动合同，还可以变更吗？ · · · · · · · · · · · · · · · · · · · · · · · · · 082

劳动合同已经到期，虽没有续签，但劳动者继续上班的，该怎么算？ · · · 082

劳动者可以解除劳动合同的情况有哪些？ · · · · · · · · · · · · · · · · · · · · · · 083

【以案释法】女职工怀孕6个月在家待产，用人单位可以将其辞退吗？ · · · 083

用人单位拖欠劳动者工资，劳动者可获得赔偿吗？ · · · · · · · · · · · · · · 084

用人单位能否因为劳动者拒绝加班而扣工资？ · · · · · · · · · · · · · · · · · · 084

有哪些情形可以认定为工伤？哪些情形不认定为工伤？ · · · · · · · · · · 085

【以案释法】劳动合同中"发生伤亡事故概不负责"的条款有效吗？ · · · 085

职工默许公司不缴纳养老保险，公司能否免责？ · · · · · · · · · · · · · · · · 086

劳动者能否因为单位违法解除劳动合同而获得赔偿和补偿？ · · · · · · 086

因公受伤后，可以既报工伤保险又报医疗保险吗？ · · · · · · · · · · · · · · 087

【以案释法】工作期间干私活受伤算工伤吗？ · · · · · · · · · · · · · · · · · · 087

【以案释法】加班途中受伤的，是否属于工伤？ · · · · · · · · · · · · · · · · 088

离退休人员再就业受伤还可以享受工伤保险待遇吗？ · · · · · · · · · · · · 089

被借调到其他用人单位受伤的职工，应该由谁负责？ · · · · · · · · · · · · 090

谁来承担用人单位不承认工伤的举证责任？ · · · · · · · · · · · · · · · · · · · · 090

劳动者离职是否需要支付违约金？ · · · · · · · · · · · · · · · · · · · · · · · · · · · · 091

对于不执行劳动仲裁结果的员工，用工单位可以对其申请强制执行吗？ · 091

人民法院可以先予执行正在劳动仲裁的劳动争议吗？ · · · · · · · · · · · · 092

## 第七章　房产交易篇

是否共有人必须共同申请共有房屋登记? ………………………… 095
在哪些情况下，房产登记部门不会给办理登记? ………………… 096
合同期已过，但是开发商还未给房产证怎么办? ………………… 096
"定金"与"订金"是一回事吗? ………………………………… 097
【以案释法】违约金是按总房款算还是按已付房款算? ………… 097
有权属争议的房屋被买后不能过户怎么办? ……………………… 098
出现哪些情况时应当办理房屋所有权转移登记? 需要哪些材料? … 098
【以案释法】已付全款但未办理过户的房子卖方能否要回? …… 099
签订买卖合同后，房屋所有权就发生变更吗? …………………… 100
【以案释法】支付了首付款及部分按揭的房子能退掉吗? ……… 100
房产证上的面积与土地登记簿中的不相同怎么办? ……………… 101
已经被登记预告的房屋，还可以被出卖或抵押吗? ……………… 101
【以案释法】夫妻共有的房产必须要两人同意才能抵押吗? …… 101
房产商是否可以以建材价格上涨为由提高售房价格? …………… 102
开发商可以以夏天雨水多为由延迟交房吗? ……………………… 102
新房出现质量问题该怎么办? ……………………………………… 103
实际房屋面积与开发商承诺面积不同怎么办? …………………… 103
【以案释法】公摊面积被重复销售怎么办? ……………………… 104
租房合同约定的租期最长为多久? ………………………………… 105
出租人在房屋租赁期限届满后没有提出异议的，租赁合同还有效吗? … 105
出租人可以将承租人擅自转租的房子收回吗? …………………… 105
出租房屋还需要备案吗? 备案需要的材料有哪些? ……………… 106

## 第八章　信贷担保篇

自然人之间借款是否需要签订书面合同？ ······ 109
朋友之间借款没有约定利息，利息还需要给吗？ ······ 109
哪些人可以作为保证人？ ······ 110
未经保证人同意债务就被转让，保证人还要负担保责任吗？ ······ 110
什么是共同保证？ ······ 110
连带责任保证是怎么回事？ ······ 110
【以案释法】有担保的债权可以优先受偿吗？ ······ 111
在不知情的情况下为赌债所做的保证，需要承担保证责任吗？ ······ 111
没有明确约定保证方式的，保证人需要承担连带保证责任吗？ ······ 112
【以案释法】双方可以约定到期不还款直接以抵押物抵债吗？ ······ 112
对同一债务有两个以上保证人的，该如何承担保证责任？ ······ 112
担保物被征收，担保物权人可以就补偿金优先受偿吗？ ······ 113
抵押权人未在规定时间行使抵押权，法院还会给予保护吗？ ······ 114
【以案释法】抵押权到期不行使会作废吗？ ······ 114
未及时拍卖导致质押物贬值，该损失应当由谁承担？ ······ 115
债权人放弃债务人以自己的财产设定抵押权时，担保人的担保会因此而发生变化吗？ ······ 115

## 第九章　民事诉讼篇

各级人民法院审理案件的范围是怎样的？ ······ 119
"住所地"和"经常居住地"两者如何区分？ ······ 120
【以案释法】被告不是本地人，到哪儿去起诉？ ······ 120

【以案释法】夫妻常年在外打工，想要离婚应该到哪个法院起诉？ ····· 121
当事人未及时提供证据的后果是什么？ ························· 122
在证据中，如何界定视听资料和电子数据？ ····················· 122
【以案释法】偷拍偷录的视听资料是合法的证据吗？ ············· 123
证人的出庭费用应当由谁支付？ ······························ 123
在勘验时，当事人的隐私是否受保护？ ························ 124
可以保全到期的债权吗？ ···································· 124
申请诉前保全必须提供担保吗？ ······························ 124
开庭审理可以延期的情况有哪些？ ···························· 125
哪些民事诉讼案件不能调解？ ································ 125
法院在调解时当事人不能出庭，调解还能继续吗？ ··············· 126
【以案释法】仅"全权代理"四个字就可以完全授权吗？ ··········· 126
调解案件时，应当遵循哪些便利原则？ ························ 127
当事人不服一审判决的，在多长时间内可以上诉？ ··············· 127
第二审人民法院不予开庭审理的上诉案件有哪些？ ··············· 128
第二审人民法院对于上诉案件该如何区分处理？ ················· 128
【以案释法】因不可抗力导致过了上诉期，还能上诉吗？ ········· 128
申请执行后，人民法院不执行的，申请人该怎么办？ ············· 129
据以执行的判决有错误，如何处理被执行的财产？ ··············· 129
【以案释法】执行后被执行人妨碍执行的，还可以适用强制措施吗？ ··· 130
扣押被执行人的财产时，其抚养的孩子应当纳入考虑范围吗？ ····· 131
留置送达的含义是什么？留置送达适用于哪些情况？ ············· 131
未交齐诉讼费导致撤诉处理的，已交的费用可以要回吗？ ········· 131

# 第一章 民法总则篇

# 第一章　民法总则篇

**民事行为能力是如何划分的？**

民事行为能力，是指民事主体能以自己的行为取得民事权利、承担民事义务的资格。民事行为主体具有相应的民事行为能力是民事行为产生法律效力的前提。在我国，判断自然人民事行为能力的标准主要有两个，一是自然人的年龄，二是自然人的精神状态。根据《民法总则》的规定，自然人的民事行为能力可以划分为以下三种：

（1）完全民事行为能力人：十八周岁以上的公民和十六周岁以上不满十八周岁，以自己的劳动收入为主要生活来源的公民，是完全行为能力人，

可以独立进行民事活动。

（2）限制民事行为能力人：八周岁以上的未成年人和不能完全辨认自己行为的成年人是限制民事行为能力人，实施民事法律行为由其法定代理人代理或者经其法定代理人同意、追认，但是可以独立实施纯获利益的民事法律行为或者与其年龄（精神健康状况）、智力相适应的民事法律行为。

（3）无民事行为能力人：不满八周岁的未成年人和不能辨认自己行为的成年人是无民事行为能力人，他们的民事法律行为由法定代理人代理实施。

此外，间歇性精神病人的民事行为能力要视情况而定：在没有发病时，他们是完全民事行为能力人；发病时，如果不能完全辨认自己行为，则为限制民事行为能力人，完全不能辨认自己行为的，就是无民事行为能力人了。无民事行为能力人、限制民事行为能力人的监护人是他的法定代理人。

【以案释法】十六岁少年的交易行为有效吗？

**现实困惑**

周某十六岁生日当天收到爷爷、奶奶1万元的大礼，周某很高兴，拿着钱去购买了一台自己心仪已久的笔记本电脑。周某回家后，其父母很生气，要求其退回，周某不从。其父母当即拿着笔记本电脑返回商场，以周某不满16周岁为由要求退货。那么，周某的行为到底有没有效呢？

**律师说法**

周某买电脑的行为属于法律规定的"效力待定"行为。效力待定是指行为成立时，其是有效还是无效尚不能确定，还待其后一定事实的发生来确定其效力。具体到本案中，周某只有十六周岁，是限制民事行为能力人。限制民事行为能力人订立的合同，经法定代理人追认后，该合同有效。也就是说，周某买电脑的行为须经其父母追认后才能确定为有效。如果周某不满8周岁，则其为无民事行为能力人，他买电脑的行为可以直接归于无效。

### 胎儿有继承权吗？

我国《民法总则》第十六条规定："涉及遗产继承、接受赠与等胎儿利益保护的，胎儿视为具有民事权利能力。但是胎儿娩出时为死体的，其民事权利能力自始不存在。"通俗的说，胎儿享有继承权。

### 孩子的存款，父母可以任意支配吗？

我国法律规定，未成年人的父母是未成年人的监护人，监护人应当履行监护职责，保护被监护人的人身、财产及其他合法权益，除了被监护人的利益外，不得处理被监护人的财产。

### 丈夫失踪，妻子应为丈夫清还债务吗？

我国法律规定，公民被宣告失踪后，其财产由其配偶、成年子女、父母等人代管，或者由人民法院直接指定代管。确定财产代管人后，其即应妥善管理失踪人的财产。对于失踪人所欠税款、债务和其他应付费用，由代管人从失踪人的财产中支付。这实际上属于一种法定授权的特别代理行为，因此，在失踪人尚未出现的情况下，代管人应当以失踪人的财产履行还款义务。妻子依法成为丈夫的财产代管人，也应依法承担与之相适应的权利和义务。所以妻子应当清偿丈夫所欠的债务，否则债权人可以妻子作为被告，依法向其讨要欠款。

### 监护人都有哪些职责？

我国《民法总则》第三十四条规定："监护人的职责是代理被监护人实施民事法律行为，保护被监护人的人身权利、财产权利以及其他合法权益等。"

监护人依法履行监护职责产生的权利，受法律保护。

监护人不履行监护职责或者侵害被监护人合法权益的，应当承担法律责任。

## 【以案释法】孩子闯祸，家长要承担什么责任？

**现实困惑**

吴某十二岁的儿子小波活泼好动，常常会制造一些小麻烦。一天晚上，小波做完作业后在楼下与小伙伴一起玩儿，不小心将小伙伴小雪推倒了，造成小雪的小腿擦伤，小雪被送去医院治疗。小雪的家长找到小波的父亲吴某，说要告小波。吴某觉得莫名其妙，小波才十二岁，告他没有法律依据，小波无须承担责任。吴某的理由成立吗？

**律师说法**

吴某的理由不成立。我国法律明确规定，民事权益受到侵害的，被侵权人有权请求侵权人承担侵权责任。因此，吴某的儿子小波侵害了小雪的合法权益，小雪有权要求赔偿。但是，由于小波尚未成年，属于限制行为能力人，因此，按照规定，小波侵害他人权益需要赔偿的，由其监护人，即小波的父母承担损害赔偿责任。依照法律规定，赔偿的费用主要包括医疗费、护理费、交通费、误工费等。如果小波有自己的财产，那么可以从其财产中支付，不足部分由小波的父母承担。如果小波没有任何财产，那么所有的赔偿费用均需要由小波的父母支付。

## 担任监护人的顺序是怎样规定的？

我国《民法总则》第二十八条规定："无民事行为能力或者限制民事行为能力的成年人，由下列有监护能力的人按顺序担任监护人：（一）配偶；（二）父母、子女；（三）其他近亲属；（四）其他愿意担任监护人的个人或者组织，但是须经被监护人住所地的居民委员会、村民委员会或者民政部门同意。"

亲生父亲能被剥夺监护权吗？

父母是未成年子女的监护人，如果发生特定的情形，也有被剥夺监护权的可能。我国《民法总则》第三十六条规定："监护人有下列情形之一的，人民法院根据有关个人或者组织的申请，撤销其监护人资格，安排必要的临时监护措施，并按照最有利于被监护人的原则依法指定监护人：（一）实施严重损害被监护人身心健康行为的；（二）怠于履行监护职责，或者无法履行监护职责并且拒绝将监护职责部分或者全部委托给他人，导致被监护人处于危困状态的；（三）实施严重侵害被监护人合法权益的其他行为的。"

【以案释法】单亲父母无力抚养，能否将孩子送人？

> **现实困惑**
>
> 莎莎的爸爸因病早逝，母亲身体状况也很差，根本没有能力抚养莎莎。莎莎的母亲将其送给一家家境殷实且无子女的远房亲戚收养，并很快到民政部门办了收养手续。莎莎的奶奶知道后非常生气，认为自家的孙女未经其允许就给了别人，思想上很难接受，遂向法院起诉了莎莎的母亲，称自己也是

莎莎的监护人，莎莎的母亲办的收养手续无效，请求依法取回自己对莎莎的监护权。莎莎的母亲有权让别人收养自己的孩子吗？

**律师说法**

莎莎奶奶的请求会得到法院的支持，其有权抚养莎莎。我国法律规定，生父母有特殊困难无力抚养子女的，可以将子女送养给他人收养。生父母送养子女，须双方共同送养。生父母一方不明或者查找不到的可以单方送养。本案中，莎莎的父亲已经去世，似乎莎莎的母亲单方送养的行为并无不当，何况，收养人与送养人之间已经办理了送养手续。但实际上，这种送养行为仍旧无效，因为它剥夺了莎莎奶奶的优先抚养权。法律特别规定，配偶一方死亡另一方送养未成年子女的，死亡一方的父母有优先抚养的权利。因此，莎莎的奶奶如果具有抚养能力，就可以抚养莎莎。若其不具备抚养能力，那么莎莎母亲的送养行为才会得到法律的认可和保护。

### 妻子离家三年多无音讯，丈夫能申请宣告她死亡吗？

我国《民法总则》第四十六条规定："自然人有下列情形之一的，利害关系人可以向人民法院申请宣告该自然人死亡：（一）下落不明满四年；（二）因意外事件，下落不明满二年。因意外事件下落不明，经有关机关证明该自然人不可能生存的，申请宣告死亡不受二年时间的限制。"

我国《婚姻法》第三十二条规定："一方被宣告失踪，另一方提出离婚诉讼的，应准予离婚。"

### 宣告死亡以后当事人回来了怎么办？

《民法总则》规定："被宣告死亡的人重新出现，经本人或者利害关系人申请，人民法院应当撤销死亡宣告。被宣告死亡人的婚姻关系，自死亡宣告之日起消灭。死亡宣告被撤销的，婚姻关系自撤销死亡宣告之日起自行恢复，但是其配偶再婚或者向婚姻登记机关书面声明不愿意恢复的除外。宣告死亡的人在被宣告死亡期间，其子女被他人依法收养的，在死亡宣告被撤销后，不得以未经本人同意为由主张收养关系无效。被撤销死亡宣告的人有权请求依照继承法取得其财产的民事主体返还财产。无法返还的，应当给予适当补偿。"

利害关系人隐瞒真实情况，致使他人被宣告死亡取得其财产的，除应当返还财产外，还应当对由此造成的损失承担赔偿责任。

### 退伙后还需要承担合伙的债务吗？

需要。我国《合伙企业法》第五十三条规定："退伙人对基于其退伙前的原因发生的合伙企业债务，承担无限连带责任。"第五十四条规定："合伙人退伙时，合伙企业财产少于合伙企业债务的，退伙人应当依照本法第五十三条第一款的规定分担亏损。"

### 【以案释法】法人和法人代表是一回事吗？

**现实困惑**

刘某是某企业的法人代表。刘某在以该企业法人的名义与朋友孙某搞经营活动的过程中，由于自身原因给孙某造成了经济上的损失，孙某要求刘某承担责任，刘某却以自己不是法人为由拒绝。到底谁应为孙某的损失承担责任？

**律师说法**

作为法人的刘某所在企业应当承担民事责任。法人是具有民事权利能力和民事行为能力、依法独立享有民事权利和承担民事义务的组织，而法人代表则是依照法律或者法人组织章程规定，代表法人行使职权的负责人。由此可见，法人是一种组织，而法人代表则是代表这种组织行使职权的自然人。也就是说，有法人才会有法人代表。按照我国法律规定，法人代表以法人名义从事的法律活动，其法律后果应当由法人承受，而法人则是以其全部财产独立承担民事责任。所以，本案中刘某在经营中给孙某造成的损失，应由该法人承担民事责任。

### 搬家公司职员造成的损失由谁承担？

我国《民法总则》第六十条规定："法人以其全部财产独立承担民事责任。"《侵权责任法》第三十四条规定："用人单位的工作人员因执行工作任务造成他人损害的，由用人单位承担侵权责任。"综上，搬家公司职员造成的损失由其所在的搬家公司承担。

### 【以案释法】离职员工以原单位名义与他人签订的合同有效吗？

**现实困惑**

陈某为某自行车生产厂的业务员，负责与某销售单位签订合同。后来，陈某离职，但其仍持有自行车厂的合同书。陈某利用自行车厂的合同与另一销售单位签订了自行车销售合同，对方预付了部分订金，但该销售单位并不知晓陈某已离职。此后，陈某与该销售单位失去联系，该销售单位遂找到自行车厂，要求其履行合同，自行车厂认为合同与己无关，予以拒绝。自行车厂应否履行合同？

**律师说法**

自行车厂家应当履行合同。本案涉及的法律知识属表见代理的内容。表见代理是因本人与无权代理人之间的关系，具有外表授权的特征，致使相对人有理由相信行为人有代理权而与其进行民事法律行为，法律使之发生与有权代理相同的法律效果。也就是说本案中，虽然陈某没有代理权，但离职后仍持有自行车厂的合同书，这足以使销售单位相信其有代理权，因而与其签订合同的行为效果应由自行车厂承受，自行车厂也应当履行合同。

## 还钱还错了人怎么办？

我国《民法总则》规定："基于重大误解实施的民事法律行为，行为人有权请求人民法院或者仲裁机构予以撤销。因他人没有法律根据，取得不当利益，受损失的人有权请求其返还不当利益。"综上，还错了钱的人可以要求不当得利人返还。

【以案释法】本可以不还的钱，还了能否要回？

> **现实困惑**
>
> 高某向彭某借款10 000元，期限为一年。半年后彭某要出国，但并没有向高某索要欠款。五年后彭某从国外回来，高某主动将欠款还清。后来高某得知彭某回国时，自己欠彭某的钱已过诉讼时效，自己依法可以不用还那10 000元钱，有些懊恼，便让彭某返还，彭某不同意。那么高某还能要求已归还的10 000元钱吗？
>
> **律师说法**
>
> 高某无权主张已归还的10 000元钱。我国法律规定，超过诉讼时效期间，当事人自愿履行的，不受诉讼时效限制。超过诉讼时效以后，债务人自愿履行又以不知诉讼时效为由反悔的，人民法院不予支持。本案中，尽管法律已经规定彭某的债权成为自然之债，不再受法律保护，因此高某此时可以不用归还借彭某的钱了，但是高某主动将欠款还清，使彭某的债权获得了清偿。因此，高某现在反悔是没有法律根据的。

## 替别人的孩子看病垫付的钱，能向其父母索回吗？

我国《民法总则》规定："没有法定的或者约定的义务，为避免他人利益受损失而进行管理的人，有权请求受益人偿还由此支出的必要费用。"综上，替别人孩子看病垫付的钱，可以向其父母索回。

### 再婚后，母亲有权私自让孩子改姓吗？

母亲无权私自让孩子改姓。最高人民法院《关于人民法院审理离婚案件处理子女抚养问题的若干具体意见》规定："父母不得因子女变更姓氏而拒付子女抚育费。父或母一方擅自将子女姓氏改为继母或继父姓氏而引起纠纷的，应责令恢复原姓氏。"

### 购买不合格产品，过了诉讼时效就不能索赔了吗？

我国《民法总则》第一百八十八条规定："向人民法院请求保护民事权利的诉讼时效期间为三年。法律另有规定的，依照其规定。"

诉讼时效期间自权利人知道或者应当知道权利受到损害之日起计算。法律另有规定的，依照其规定。但是自权利受到损害之日起超过二十年的，人民法院不予保护；有特殊情况的，人民法院可以根据权利人的申请决定延长。购买不合格产品过了诉讼时效，索赔的胜诉权就得不到法院的支持了。

### 为了少交税，私下订立的合同有效吗？

无效。我国《合同法》规定了民事行为无效的构成要件：恶意串通，损害国家、集体或者第三人利益，以及以合法形式掩盖非法目的的民事行为，统归于无效。

### 欠条不写日期，过期作废吗？

欠条不写日期，在一方未主张返还，欠据书写后未超过二十年的情况下，不存在过期问题。《最高人民法院关于审理民事案件适用诉讼时效制度若干问题的规定》第六条规定："未约定履行期限的合同，依照合同法第六十一条、第六十二条的规定，可以确定履行期限的，诉讼时效期间从履行期限届满之日起计算；不能确定履行期限的，诉讼时效期间从债权人要求债务人履行义务的宽限期届满之日起计算，但债务人在债权人第一次向其主张权利之时明确表示不履行义务的，诉讼时效期间从债务人明确表示不履行义务之日起计算。"

### 半张脸也有肖像权吗？

我国《民法总则》规定："公民享有肖像权，未经本人同意，不得以营利为目的使用公民的肖像。"

肖像是指自然人的外部形象通过一定的形式在客观上再现所形成的作品。因此，如果照片只拍了半张脸，但其反映了当事人的面部特征，一般人都能认出照片中的人是谁，即使是半张脸，仍然是其肖像的再现，当事人仍具有肖像权。相关公司如以营利为目的使用半张脸的作品，也可能构成侵权行为，而因此承担民事责任。

### 遭到前男友恶意诽谤怎么办？

当事人可以以名誉权受损为由向人民法院主张自己的权利。我国法律明确规定，公民、法人享有名誉权，公民的人格尊严受法律保护，禁止用侮辱、诽谤等方式损害公民、法人的名誉。

我国法律规定，公民的姓名权、肖像权、名誉权、荣誉权受到侵害的，有权要求停止侵害，恢复名誉，消除影响，赔礼道歉，并可以要求赔偿损失。

## 第二章　婚姻家庭篇

## 第二章　婚姻家庭篇

**法院因夫妻分居满两年就能判决离婚吗？**

分居满两年不是离婚的绝对条件，分居两年并不代表夫妻感情彻底破裂。根据我国《婚姻法》第三十二条第三款的规定，夫妻因感情不和分居满两年提出离婚的，人民法院应当进行调解；如感情确已破裂，调解无效，应准予离婚。但应当注意的是，夫妻分居满两年的原因应当是双方感情不和，而不应是因为工作、学习、户口、住房紧张等其他原因。此外，如果分居两年，但仍有和好的可能，夫妻感情没有完全破裂，人民法院可以判决不准离婚。

**男方在女方怀孕期间可以向法院提出离婚吗，法院应当受理吗？**

现实生活中，有很多女性在怀孕期间会出现情绪波动，甚至性情大变的情况，导致很多男性无法忍受而提出离婚。但是，根据我国《婚姻法》第三十四条规定，在女方怀孕期间、分娩后一年内以及终止妊娠后六个月以内，男方不得提出离婚。在这期间，男方应多些耐心与呵护，不应因此提出离婚。但该条同时规定，若女方提出离婚或法院认为有必要受理男方离婚请求的，不在此限。

**一方能因在抚养子女方面尽的义务多于另一方就在离婚时要求补偿吗？**

我国《婚姻法》第四十条明确规定："夫妻书面约定夫妻关系存续期间所

得的财产归各自所有，一方因抚育子女、照料老人、协助另一方工作的付出较多义务的，离婚时有权向另一方请求补偿，另一方应当予以补偿。"因此，如果夫妻双方书面约定婚姻关系存续期间所得的财产归各自所有的，一方抚养子女尽义务较多的，可以在离婚时要求补偿。

**男方有外遇，女方在起诉离婚时，有权要求精神损害赔偿吗？**

一方有外遇往往是导致婚姻关系终结的一个重要原因。根据我国《婚姻法》第四十六条的规定，有配偶者与他人同居而导致离婚的，无过错方有权请求损害赔偿。此外《最高人民法院关于适用〈中华人民共和国婚姻法〉若干问题的解释（二）》第二十七条也规定："当事人在婚姻登记机关办理离婚登记手续后，以婚姻法四十六条规定为由向人民法院提出损害赔偿请求的，人民法院应当受理。但当事人在协议离婚时已经明确表示放弃该项请求，或者在办理离婚登记手续一年后提出的，不予支持。"由此可见，离婚后女方向有外遇的男方提出精神损害赔偿是合理合法的。但需要注意的是，当事人在协议离婚时已经明确表示放弃该项请求，或者在办理离婚登记手续一年后提出的，法院对该请求不予以支持。

**【以案释法】协议离婚，还可以要求损害赔偿吗？**

**现实困惑**

陈某与胡某自结婚以来，婚姻生活一直不幸福。妻子胡某在得知丈夫陈某包养情人的事情后，决定离婚。商议之后，两人签署了离婚协议。协议生效后，胡某向法院提起诉讼，要求陈某给付损害赔偿。胡某可以提起这样的诉求吗？

**律师说法**

胡某可以向法院起诉，要求陈某给付损害赔偿。尽管胡某与陈某协议离婚，但是，这并不能成为胡某维护自己合法权益的障碍。为了保护婚姻生活中的女性弱势群体，我国《婚姻法》特别做出了规定，即使采用协议离婚的方式结束婚姻关系的，无过错的一方仍然有权要求损害赔偿。《最高人民法院关于适用〈中华人民共和国婚姻法〉若干问题的解释（二）》第二十七条，当事人在婚姻登记机关办理离婚登记手续后，以婚姻法第四十六条规定为由向人民法院提出损害赔偿请求的，人民法院应当受理。但当事人在协议离婚时已经明确表示放弃该项请求，或者在办理离婚登记手续一年后提出的，不予支持。

## 夫妻共同财产包括娘家陪嫁的财产吗？

根据我国《婚姻法》第十八条的规定，赠与合同中确定只归夫或妻一方的财产为夫妻一方的财产。而娘家陪嫁女儿的财产，属于赠与财产，从受赠人接受赠与物时起，赠与物即转移了所有权。由此可知，这些财产当女儿接受了之后就成为了女儿个人的财产，并不属于夫妻共同财产。

## 【以案释法】当事人按照习俗给付的定亲彩礼能否请求返还？

**现实困惑**

原告郭某起诉与被告吕某离婚，并以双方没有共同生活过为由请求返还彩礼21 200元，被告吕某承认原告郭某所述是事实，同意离婚，但以自己是原告郭某明媒正娶的妻子为由不同意返还彩礼。法院经审理查明：原告郭某与被告吕某于2009年8月份经人介绍相识，于2011年3月7日登记结婚，于2011年3月12日举行结婚仪式。从双方相识到结婚这段时间内，被告吕某共接收原告郭某彩礼金21 200元。另查明：双方相识4年来，确实未共同生活过。人民法院经过开庭审理判决双方离婚、被告返还原告彩礼14 840元。

**律师说法**

有关彩礼与嫁妆如何返还的案件，在我国广大地区特别是农村男女离婚案件中具有一定的普遍意义。依习俗通称，彩礼是婚前男方家庭送给女方的一份礼金或财产，嫁妆是女方带给婆家的物品或钱财的总和。在传统习俗看来，没有彩礼与嫁妆，婚姻难以成立、难讲合法。有人从经济关系分析说彩礼和嫁妆是亲家之间为了建立长久的婚姻关系而采取的物质相互交换，又有人说彩礼是买卖婚姻的筹码，并使神圣的婚姻变得铜臭。彩礼与嫁妆极易导致畸形"金钱婚姻"观，败坏社会风气。彩礼飙升，嫁妆攀比，这已不仅是一个重大的社会问题，而且也是一个值得研究的法律问题。关于彩礼返还问题，《最高人民法院关于适用〈中华人民共和国婚姻法〉若干问题的解释（二）》中有明确规定，当事人请求返还按照风俗给付的彩礼的，如果查明属于以下情形，人民法院应予支持：（一）双方未办理结婚登记手续的；（二）双方办理结婚登记手续但未共同生活的；（三）婚前给付导致给付人生活困难的。

　　本案适用前款第二项的规定，即"双方办理结婚登记手续但未共同生活"，返还彩礼应当以双方离婚为条件，本案的审理结果也依照上述规定。另外，男方只拿回了14000多元钱，是因为彩礼应返还多少尚没有明确法律条文进行详细规定，一般是根据双方婚姻维持时间长短，还有双方的过错确定。

## 一方在离婚时转移财产，另一方应当如何维权？

　　我国《婚姻法》第四十七条规定："离婚时，一方隐藏、转移、变卖、毁损夫妻共同财产，或伪造债务企图侵占另一方财产的，分割夫妻共同财产时，对隐藏、转移、变卖、毁损夫妻共同财产或伪造债务的一方，可以少分或不分。离婚后另一方发现有上述行为的，可以向人民法院提起诉讼，请求再次分割

夫妻共同财产。人民法院对前款规定的妨害民事诉讼的行为，依照民事诉讼法的规定予以制裁。"因此，一方在离婚时不应当转移财产，如果有该情况，另一方可通过诉讼来维护自己的权利。

## 【以案释法】离婚时一方隐匿了财产怎么办？

**现实困惑**

胡某与章某离婚已经三年了。章某于不久前偶然得知前夫在与自己处理离婚纠纷时，将一部分属于夫妻共有的财产转移到前夫的父母名下。于是，章某决定向法院提起诉讼，要求再次分割这部分财产，法院会受理吗？

**律师说法**

法院会受理的。我国《婚姻法》的立法精神在于体现平等自由、公平诚实，这些已经成为调整婚姻关系的基本原则。这些基本原则在结婚的时候适用，在离婚的时候也同样适用。《中华人民共和国婚姻法》第四十七条，离婚时，一方隐藏、转移、变卖、毁损夫妻共同财产，或伪造债务企图侵占另一方财产的，分割夫妻共同财产时，对隐藏、转移、变卖、毁损夫妻共同财产或伪造债务的一方，可以少分或不分。离婚后，另一方发现有上述行为的，可以向人民法院提起诉讼，请求再次分割夫妻共同财产。

胡某将一部分夫妻共有财产转移到父母名下，致使在分割财产的时候，夫妻共有财产属于不完整的状态，侵害了章某的合法权益，对章某来说是不公平的。对此法院会依法受理并支持章某的诉讼请求。

## 离婚时，双方都想要获得房子的所有权怎么办？

按照《婚姻法》的规定，男女双方离婚时，夫妻的共同财产由双方协议处理不成时，由人民法院根据财产的具体情况，照顾子女和女方权益的原则判决。一般而言，夫妻离婚时最大的财产就是房产，如果夫妻双方都希望得到房子的所有权的话，可以通过竞价，谁出价高房屋归谁，然后给另一方相应的补偿。如果协商不成，只能由法院依法判决房屋归一方所有，由其给另一方相应的补偿。根据《婚姻法解释（二）》第二十条规定："双方对夫妻共同财产中的房屋价值及归属无法达成协议时，人民法院按以下情形分别处理：（一）双方均主张房屋所有权并且同意竞价取得的，应当准许；（二）一方主张房屋所有权的，由评估机构按市场价格对房屋作出评估，取得房屋所有权的一方应当给予另一方相应的补偿；（三）双方均不主张房屋所有权的，根据当事人的申请拍卖房屋，就所得价款进行分割。"当然，如果根据法律法规和司法解释可以明确房屋产权所有人的，比如该房产是一方以婚前财产购买之类的，在这种情形下，非房屋产权所有人一方一般难以获得房产。所以，上述关于双方都想要房子时的解决办法，仅在该房产为夫妻共同财产时适用。

## 婚前财产会转化为夫妻共同财产吗？

《婚姻法》第十八条规定，有下列情形之一的，为夫妻一方的财产：（一）一方的婚前财产；（二）一方因身体受到伤害获得的医疗费、残疾人生活补助费等费用；（三）遗嘱或赠与合同中确定只归夫或妻一方的财产；（四）一方专用的生活用品；（五）其他应当归一方的财产。

第十九条规定：夫妻可以约定婚姻关系存续期间所得的财产以及婚前财产归各自所有、共同所有或部分各自所有、部分共同所有。

《婚姻法解释》第十九条规定："婚姻法第十八条规定为夫妻一方所有的财产，不因婚姻关系的延续而转化为夫妻共同财产。但当事人另有约定的除外。"可见，我国婚姻法规定夫妻财产遵循的是有约定从约定，无约定从法定。

## 【以案释法】住房公积金属于夫妻共有财产吗？

**现实困惑**

韩某系某国有建筑集团公司职工，在办理退休手续时一次性取得住房公积金。此时，韩某的妻子赵某以感情破裂为由向法院提请离婚诉求，并要求将韩某的这笔住房公积金列入夫妻共同财产进行分割。韩某的住房公积金属于夫妻共有财产吗？

**律师说法**

《中华人民共和国婚姻法》第十七条规定，夫妻在婚姻关系存续期间所得的下列财产归夫妻共同所有：(一)工资、奖金；(二)生产、经营的收益；(三)知识产权的收益；(四)继承或赠与所得的财产，但本法第十八条第三项规定的除外；(五)其他应当归共同所有的财产。夫妻对共同所有的财产，有平等的处理权。

《最高人民法院关于适用〈中华人民共和国婚姻法〉若干问题的解释(二)》第十一条规定婚姻关系存续期间，下列财产属于婚姻法第十七条规定的"其他应当归共同所有的财产"：(一)一方以个人财产投资取得的收益；(二)男女双方实际取得或者应当取得的住房补贴、住房公积金；(三)男女双方实际取得或者应当取得的养老保险金、破产安置补偿费。

韩某的住房公积金属于夫妻共有财产，住房公积金是指国家机关、国有企业、城镇集体企业、外商投资企业、城镇私营企业及其他城镇企业、事业单位及其在职职工缴存的长期储金。住房公积金制度实际上是一种住房保障制度，是住房分配货币化的一种形式。住房公积金由职工和职工所在单位共同缴纳。我国《婚姻法》和相关司法解释明确规定了夫妻一方的住房公积金应属于夫妻共同财产，因此本案中赵某可以要求将韩某的住房公积金作为共同财产进行分割。

## 【以案释法】夫妻一方得到的赔偿属于夫妻共有财产吗？

**现实困惑**

陈某和王某已经结婚八年了，前不久，丈夫陈某遭遇了一次意外事件。一天傍晚，吃过晚饭后，陈某在小区里遛弯儿时，忽然从位于路边的一幢楼的二楼阳台上掉下来一个花盆儿，正砸在陈某的头上，致使陈某头部轻微破裂，伴随轻微脑震荡。经协商，陈某获得了医疗费等一系列赔偿款项。这笔款项属于夫妻共有财产吗？

**律师说法**

《中华人民共和国婚姻法》第十八条规定有下列情形之一的，为夫妻一方的财产：（一）一方的婚前财产；（二）一方因身体受到伤害获得的医疗费、残疾人生活补助费等费用；（三）遗嘱或赠与合同中确定只归夫或妻一方的财产；（四）一方专用的生活用品；（五）其他应当归一方的财产。这笔款项不属于夫妻共有财产，而是属于陈某的个人财产。对此情节的认定，我国《婚姻法》作了明确的规定，即一方因身体受到伤害而获得的医疗费、残疾人生活补助费用等，应属于夫妻一方的个人财产。

## 婚前财产协议怎样写才具有法律效力？

婚前财产协议订立的合法性，不仅表现在它的形式上，也包括它的内容。《婚姻法》第十九条规定："夫妻可以约定婚姻关系存续期间所得的财产以及婚前财产归各自所有、共同所有或部分各自所有、部分共同所有。约定应当采用书面形式。没有约定或约定不明确的，适用本法第十七条、第十八条的规定。"首先，婚前财产协议形式上必须是书面的，口说无凭。在民事审判中，谁主张谁举证是证据的首要规则，形成书面文字，既可以夫妻双方自行达成，也可以在公证部门的参与下达成，但公证并不是法定必需的程序，只要是夫妻双方真实的意思表示，就不能推翻该婚前财产协议形式上的合法有效性。如果夫妻双方中的一方提出该协议在订立时存在被迫或重大误解，应提供充足的证据予以证实，否则该协议真实有效。

其次，婚前财产协议内容上必须合法。《婚姻法》第十九条规定，夫妻双方可以约定的财产是指婚前财产及婚姻关系存续期间的所得财产，但必须是属于他们两个人的财产，如果本不属于他们两个人的财产或尚未确定是否存在的财产又或是涉及第三方所有的财产，即使有约定也无效。比如，双方约定住房归其中一方所有，但是该住房双方的父母均有出资，双方父母也均认为房产的一部分是属于他们的，那么，双方对该项财产的处置因侵犯了第三方的权益而无效。

**做婚前财产公证有哪些益处？**

《婚姻法》规定：一方的婚前财产属于夫妻一方的财产。但是，在婚姻存续期间，夫妻长期共同使用、消耗夫或妻的个人财产，一旦婚姻关系消失，在现有的财产中怎样认定婚前财产的范围和财产的归属，成为司法实践中最棘手的问题之一，也是婚姻纠纷中双方经常争议的焦点。婚前财产公证

是指公证机构依法对夫妻（未婚夫妻）双方就各自婚前财产和债务的范围和权利归属问题所达成的协议的真实性、合法性给予证明的活动。婚前财产公证有两种形式，一是未婚夫妻在结婚登记前达成协议，办理公证；二是夫妻双方在婚姻关系存续期间达成协议，办理公证。经过公证的财产约定将会得到法律直接认可。至于财产是否要公证还是要看夫妻或恋人的态度，纯属自愿，法律上没有强迫之意。从法律角度来看，婚前财产公证起到一个证据作用，以减少发生纠纷的可能，它有助于明确婚前财产的数量、范围、价值和产权归属，是解决婚姻、财产纠纷的可靠的法律依据，对于稳定家庭关系和财产关系，预防婚姻纠纷，保护夫妻双方的合法权益，促进社会的安定团结收到了明显的社会效果。

办理婚前财产公证时，当事人应当向住所地或协议签订地的公证处申请办理公证。具体步骤如下，第一步，当事人准备材料步骤：（一）个人的身份证明。如身份证、户口簿，已婚的还要带上结婚证（已婚也可补办）。（二）与约定内容有关的财产所有权证明。如房产证、未拿到产权证的购房合同和付款发票等能证明财产属性的证明等。（三）双方已经草拟好的协议书。协议书内容一般包括：当事人的姓名、性别、职业、住址等个人基本情况，财产的名称、数量、价值、状况、归属，上述婚前财产的使用、维修、处分的原则等。第二步，当事人公证申请步骤。准备好上述材料后，双方必须亲自到公证处提出公证申请，填写公证的申请表格。委托他人代理或是一个人前来办理婚前财产公证，是不会被受理的。第三步，公证员审理公证申请步骤受理公证申请后，公证员就财产协议的内容、审查财产的权利证明、查问当事人的订约是否受到欺骗或误导。当事人应如实回答公证员的提问，公证员会履行必要的法律告知义务，告诉当事人签订财产协议后承担的法律义务和法律后果。当事人配合公证员做完公证谈话笔录后，在笔录上签字确认。第四步，公证签名步骤：双方当事人当着公证员的面在婚前财产协议书上签名。至此，婚前财产公证的办证程序履行完毕。

## 【以案释法】婚前贷款买房，婚后共同还贷的，离婚时房产产权如何分割？

**现实困惑**

2014年，在南方打工的王某回到家乡后，首付了10万元在山西太原买下一套一百多平方米的商品房。不久后，他便和女朋友李某登记结婚了。婚后取得房产证。但是，婚后二人因家庭琐事感情不和闹离婚，李某提出她婚后共同承担了房贷，还出了装修费，要求分割房产。王某不同意，王某表示，婚姻期间两人用工资共同还贷约8万元，还有20万元的房贷未付清。该房屋现在若出售能卖70万元。两人要离婚，这房子该怎么分？

**律师说法**

根据《最高人民法院关于适用〈中华人民共和国婚姻法〉若干问题的解释（三）》第十条的规定：夫妻一方婚前以个人名义、用个人财产购买的房屋，且登记在自己名下的，婚后如果是用夫妻共同财产共同还贷，离婚时该房屋由双方协议处理。协议不成的，法律规定该房屋属于产权登记人个人所有，尚未归还的贷款为产权登记一方的个人债务。具体到本案中，房屋的产权登记在王某名下，离婚时应判决归王某，未付清的20万元房贷属于王某的个人债务。婚后二人用工资共同还贷8万元，根据相关法律规定，夫妻双方对婚姻关系存续期间所得财产有约定的从其约定，无约定的适用法定共同财产制，即任何一方的工资奖金收入均为夫妻共同财产。以及该房的增值部分即（70万元－房屋总价38万元＝32万元）也应作为夫妻共同财产予以分割，对于这8万元和32万元原则上也应由夫妻二人协商处理，若协商不成，由人民法院根据财产的具体情况、照顾子女和女方权益的原则，判决由产权登记一方王某对另一方李某进行补偿。

## 夫妻双方离婚时，子女的抚养权应该由谁获得？

根据我国《婚姻法》第三十六条的规定：离婚后，父母对于子女仍有抚养和教育的权利和义务。离婚后，哺乳期内的子女，以随哺乳的母亲抚养为原则。哺乳期后的子女，如双方因抚养问题发生争执不能达成协议时，由人民法院根据子女的权益和双方的具体情况判决。由此可知，法院会根据不同情形来裁判父母对子女的抚养权。

## 离婚后，孩子的抚养权是否可以变更？

离婚后，孩子的抚养权是可以变更的。《最高人民法院关于人民法院审理离婚案件处理子女抚养问题的若干具体意见》第十六条规定："一方要求变更子女抚养关系有下列情形之一的，应予支持：（一）与子女共同生活的一方因患严重疾病或因伤残无力继续抚养子女的；（二）与子女共同生活的一方不尽抚养义务或有虐待子女行为，或其与子女共同生活对子女身心健康确有不利影响的；（三）十周岁以上未成年子女，愿随另一方生活，该方又有抚养能力的；（四）有其他正当理由需要变更的。"同时，该法第十七条还规定："父母双方协议变更子女抚养关系的，应予准许。"

【以案释法】离婚子女抚养权法律上是怎样规定的？

### 现实困惑

原告庄某某与被告吴某某于2002年12月16日结婚，2003年7月17日生育一女吴某。吴某随原、被告及祖母居住在某小区，就读于某小学，平时由原告送其上学，祖母接其放学。原、被告于2012年11月26日协议离婚，约定女儿吴某随吴某某生活，庄某某每月给付抚养费，并详细约定探望权。庄某某于2013年8月1日诉至法院，提出虽然离婚协议约定吴某由被告吴某某抚养，但与原告感情极好，离婚后，吴某多次表示希望和原告共同生活，吴某现已满十周岁，对于抚养权人有选择的权利，请求法院变更抚养权。人民法院综合考虑各方因素，做出一审判决：驳回原告诉讼请求。二审法院维持原判。

**律师说法**

父母离婚后，子女随哪方生活，一般是根据"有利于子女健康成长"的原则来决定。《婚姻法》第三十六条第三款规定，离婚后，哺乳期内的子女，以随哺乳的母亲抚养为原则。哺乳期后的子女，如双方因抚养问题发生争执不能达成协议时，由人民法院根据子女的利益和双方的具体情况判决。人民法院审理离婚案件，对子女抚养问题，应从有利于子女身心健康，保障子女的合法权益出发结合父母双方的抚养能力和抚养条件等具体情况妥善解决。子女由谁抚养的问题应根据子女的年龄分两种情况来决定：第一，哺乳期内的子女由母亲抚养。两周岁以下的子女，一般随母方生活。如果母亲有以下情形之一的，也可随父方生活：（一）患有久治不愈的传染性疾病或其他严重疾病，子女不宜与其共同生活的；（二）有抚养条件不尽抚养义务，而父方要求子女随其生活的；（三）因其他原因，子女确无法随母方生活的，父母双方协议2周岁以下子女随父方生活，并对子女健康成长无不利影响的可予准许。第二，哺乳期后的子女由谁抚养的问题。首先应由父母双方协商确定，协商不成的，由人民法院根据双方的情况判决。如果父方和母方均要求随其生活，一方有下列情形之一的，可予优先考虑：（一）已做绝育手术或因其他原因丧失生育能力的；（二）子女改变生活环境对子女健康成长明显不利的；（三）无其他子女，而另一方有其他子女的；（四）子女随其生活，对子女成长有利，而另一方患有久治不愈的传染性疾病或其他严重疾病，或者有其他不利于子女身心健康的情形，不宜与子女共同生活的；（五）父方与母方抚养子女的条件基本相同，双方均要求子女与其共同生活，但子女单独随祖父母或外祖父母共同生活多年，且祖父母或外祖父母要求并且有能力帮助子女照顾孙子女或外孙子女的，可作为子女随父或随母生活的优先条件予以考虑。如果子女是已满十周岁的未成年人，父母双方对于子女随父或随母生活发生争执时，应考虑该子女的意见。在有利于保护子女利益的前提下，父母双方协议轮流抚养子女的，可予准许。但是，上述规定中未成年子女的意愿是衡量是否有利于子女健康成长的重要参考因素，而非决定因

> 素。本案中虽然原、被告的女儿已年满十周岁，跟随父或者母共同生活有选择的能力。但法院从保障未成年子女权益出发，一方面至学校了解情况，征询其意见，另一方面围绕未成年子女开展调查，了解未成年子女的成长轨迹、成长环境、生活和学习现状。在充分调查后，综合考虑各方因素及未成年子女的辨识和责任能力，认为改变生活环境对子女健康成长明显不利，故判决驳回原告诉讼请求。

### 离婚后，一方可以因另一方不支付抚养费向法院申请强制执行吗？

双方当事人离婚判决一方支付一定数额的抚养费时，如果其不支付，则另一方可以向法院申请强制执行。我国《婚姻法》第四十八条明确规定："对拒不执行有关扶养费、抚养费、赡养费、财产分割、遗产继承、探望子女等判决或裁定的，由人民法院依法强制执行。有关个人和单位应负协助执行的责任。"

### 被人收养后的孩子与亲生父母是什么关系？

收养关系自成立之日起，亲生父母与被收养子女的权利义务关系，因收养关系的成立而消除。根据我国《收养法》第二十三条规定："自收养关系成立之日起，养父母与养子女间的权利义务关系，适用法律关于父母子女关系的规定；养子女与养父母的近亲属间的权利义务关系，适用法律关于子女与父母的近亲属关系的规定。养子女与生父母及其他近亲属间的权利义务关系，因收养关系的成立而消除。"

### 父母已经把养子女抚育成年，那么收养关系还能解除吗？

养子女被养父母抚育长大、成年的，在符合一定的条件下，养子女仍然可以同养父母协议解除收养关系或者到人民法院起诉解除收养关系。根据我国《收养法》第二十七条明确规定:"养父母与成年养子女关系恶化、无法共同生活的,可以协议解除收养关系。不能达成协议的,可以向人民法院起诉。"同时该法第二十八条规定:"当事人协议解除收养关系的,应当到民政部门办理解除收养关系的登记。"

### 与有夫之妇或者有妇之夫同居是否构成重婚罪?

重婚罪,是指有配偶又与他人结婚或者明知他人有配偶而与之结婚的行为。所谓有配偶,是指男人有妻、女人有夫,而且这种夫妻关系未经法律程序解除尚在存续的,即为有配偶的人。如果夫妻关系已经解除,或者因配偶一方死亡夫妻关系自然消失,即不再是有配偶的人。所谓又与他人结婚,包括骗取合法手续登记结婚的和虽未经婚姻登记手续但以夫妻名义共同生活的事实婚姻。所谓明知他人有配偶而与之结婚的,是指本人虽无配偶,但明知对方有配偶,而故意与之结婚的(包括登记结婚或者事实婚)。此种行为是有意破坏他人婚姻的行为。由此可见,构成重婚罪的有两种情形,一种是已经结婚的人,在婚姻关系存续期间,又与他人结婚,这种结婚可以是通过不法手段取得了合法手续登记结婚或虽未履行结婚登记手续,但正式以夫妻关系共同生活的事实婚姻;另一种是没有配偶的人,明知他人有配偶而与之结婚的行为。与有夫之妇或者有妇之夫同居是否构成重婚罪的关键在于是否办理了结婚登记或者正式以夫妻关系共同生活在一起。

### 婚姻当事人一方死亡后,哪些人可以提出死亡人的婚姻无效?提出婚姻无效是否有期限限制?

根据《婚姻法》第十条的规定:"有下列情形之一的,婚姻无效:(一)重婚的;(二)有禁止结婚的亲属关系的;(三)婚前患有医学上认为不应当结婚的疾病,婚后尚未治愈的;(四)未达到法定婚龄的。"《最高人民法院关于适用于〈中华人民共和国婚姻法〉若干问题的解释(一)》第七条规定:"有权依据婚姻法第十条规定向人民法院就已办理结婚登记的婚姻申请宣告婚姻无效的主体，包括婚姻当事人及利害关系人。利害关系人包括：（一）以重婚为由申请宣告婚姻无效的，为当事人的近亲属及基层组织。（二）以未到法定婚龄为由申请宣告婚姻无效的，为未达法定婚龄者的近亲属。（三）以有禁止结婚的亲属关系为由申请宣告婚姻无效的，为当事人的近亲属。（四）以婚前患有医学上认为不应当结婚的疾病，婚后尚未治愈为由申请宣告婚姻无效的，为与患病者共同生活的近亲属。"此外，《最高人民法院关于适用于〈中华人民共和国婚姻法〉若干问题的解释（二）》第五条规定："夫妻一方或者双方死亡后一年内，生存一方或者利害关系人依据婚姻法第十条的规定申请宣告婚姻无效的，人民法院应当受理。"总结上述法律规定，虽然一方死亡之后当事人双方的婚姻关系即告终结，但这并不意味着不能提起婚姻关系无效，因为婚姻关系无效是自始、完全的无效，对于财产等问题，婚姻关系无效和婚姻关系终结的处理结果是不同的。所以婚姻当事人一方死亡后，也可以提起婚姻关系无效的请求，但是这个请求需要在死亡一年内提出。

# 第三章 继承与赡养篇

# 第三章　继承与赡养篇

## 继承从什么时候开始？

继承开始的时间是指继承人从什么时间开始享有被继承人的合法所有财产所有权的时间。《继承法》第二条规定：继承从被继承人死亡时开始。这里的死亡包括自然死亡和拟制死亡。

（一）继承从被继承人生理死亡或宣告死亡时开始。生理死亡较好理解，如被继承人病死或因意外事故死亡，一般以医学上宣布死亡为准。根据司法实践，确定公民自然死亡的依据是：被继承人呼吸停止，心脏停止跳动的时间；医院的死亡证书中记载的死亡时间；户籍管理登记手册中记载的死亡时间。

（二）一个公民长期离开住所，下落不明，或因军事行动、天灾人祸等意外事件而失踪，什么时间是他的死亡时间呢？法律一般是这样规定的：由利害关系人申请，人民法院根据法律发布寻找失踪人公告（公告期为一年）。公

告期满，失踪人仍无下落的，即由人民法院做出判决，宣告失踪人死亡。宣告失踪人死亡的日期，应当是人民法院判决中确定的失踪人的死亡日期，即失踪人被宣告死亡的，以法院判决中确定的失踪人死亡日期为继承开始的时间。这就是拟制死亡。

### 非婚生子女没有继承权吗？

非婚生子女依然有继承权。根据我国《婚姻法》第二十五条的规定，非婚生子女与婚生子女享有同等的权利，这里所说的"同等的权利"，包括继承权。《继承法》第十条对此进行了进一步的明确，规定子女包括婚生子女与非婚生子女。

### 母亲过世早，外孙女是否可以继承外公的财产？

这个问题涉及代位继承。代位继承是指被继承人的子女先于被继承人死亡时，由被继承人子女的晚辈直系血亲代替先死亡的长辈直系血亲继承被继承人遗产的一项法定继承制度。根据我国《继承法》第十一条规定："被继承人的子女先于被继承人死亡的，由被继承人的子女的晚辈直系血亲代位继承。代位继承人一般只能继承他的父亲或者母亲有权继承的遗产份额。"由此可见，从继承法的规定来看，代位继承必须符合第十一条规定的条件，并且代位继承人只能继承他的父亲或者母亲有权继承的遗产份额。那么，母亲过世早，母亲应当继承其父亲的那部分遗产可以适用代位继承，由其子女继承。

### 可以因多尽赡养义务而要求多分些遗产吗？

同一顺序的继承人分配财产的原则为均等，但是如果尽的赡养义务较多的，则可以多分财产。根据我国《继承法》第十三条规定："同一顺序继承人继承遗产的份额，一般应当均等。对被继承人尽了主要扶养义务或者与被继承人共同生活的继承人，分配遗产时，可以多分。"

## 【以案释法】免除某一子女的赡养义务的约定是否有效？

**现实困惑**

张某与其丈夫郭某共育有三个子女，即长子郭甲，次子郭乙，小女儿郭丙。1985年4月25日，郭某与长子郭甲、次子郭乙签订了分家协议，就赡养问题做了如下约定："1.长子郭甲扶养母亲，次子郭乙扶养父亲。2.父母在六十岁以前，哥俩每人每月给零花钱500元，六十岁以后每人每月给1000元。"郭某于2010年8月去世后，次子郭乙对郭某进行了安葬，此后郭乙独自生活。2014年10月14日，张某将三名子女起诉至人民法院，要求随子郭乙生活，长子郭甲给付赡养费1000元，其他二子女给付赡养费各500元，医药费由三子女共同承担。法庭审理过程中，长子郭甲称自己一直赡养母亲，并承担了扶养费；次子郭乙称分家时约定母亲由长子郭甲扶养，父亲由自己扶养，自己已经按照约定赡养了父亲，并对父亲进行了安葬，无法接受再与长子郭甲承担共同赡养的责任；小女儿郭丙称自己并未在赡养协议里载明有责任。

**律师说法**

我国《婚姻法》第二十一条第三款规定，子女不履行赡养义务时，无劳动能力的或生活困难的父母，有要求子女给付赡养费的权利。原告现年迈，且体弱多病，丧失了劳动能力，确实需要子女赡养，其子女均有赡养原告的义务。

诚然，在多子女的家庭，在父母不反对的情况下，签订赡养协议分工赡养父母是合理合法的，法律上也是允许的。我国《老年人权益保障法》第二十条规定，经老年人同意，赡养人之间可以就履行赡养义务签订协议。赡养协议的内容不得违反法律的规定和老年人的意愿。但是，如果客观情况发生变化，比如某位子女明显没有能力赡养好父或母，如果父或母提出赡养要求，其他子女无法免除。这也是《婚姻法》第二十一条第三款规定的题中之义，因为赡养义务是强制性的法定义务。现实中，很多子女之间签订赡养协议时仍然有封建思想，尤其是农村地区，认为"嫁出去的女，泼出去的水"，"出嫁女无赡养父母的义务"，女儿对父母的赡养义务被人为地免除。但从

> 法律上讲，子女对父母均有赡养义务，女儿不论出嫁与否都与父母存在法律上的赡养关系，不因任何原因而免除。而对于赡养协议中免除次子郭乙对母亲的赡养义务，属于约定免除了次子郭乙对母亲的法定义务，应属无效约定。故对原告要求三子女均需履行赡养义务的诉讼请求应当支持。就张某的居住和日常照料问题，张某表示愿意随次子郭乙生活，而次子郭乙也表示同意，尊重当事人的意见。就赡养费的数额和医药费负担比例问题，考虑到次子郭乙已经履行了对父亲全部的赡养义务，长子郭甲应当多承担赡养费，体现法律与人情兼顾，也能更好地促进家庭关系的和谐。

### 哪些是遗嘱的订立形式？

只要是公民有合法的处理财产的意思表示所形成的遗嘱形式，我国法律都予以认可。根据我国《继承法》第十七条的规定，公民立遗嘱的方式有公证遗嘱、自书遗嘱、代书遗嘱、录音遗嘱和口头遗嘱。当然各种遗嘱要想生效还应该符合法律规定，如公证遗嘱必须经过公证机关公证，自书遗嘱由遗嘱人亲笔书写，代书遗嘱、录音遗嘱和口头遗嘱必须得有两个以上见证人见证才能成立等等。

### 遗嘱继承与法定继承，哪个优先？

我国《继承法》第五条规定，遗嘱继承与遗赠扶养协议优先于法定继承。即继承开始后，有遗嘱的，先按照遗嘱继承；有遗赠扶养协议的，按照协议办理；都没有的，按照法定继承办理。因此，遗嘱继承优先于法定继承。

### 相互有继承关系的人同时死亡的，死亡时间如何确定？

两个以上互有继承关系的人在同一事件中死亡，如何确定死亡时间，这对接下来处理继承遗产的结果有较大的影响。在《最高人民法院关于贯彻执行〈中华人民共和国继承法〉若干问题的意见》第二条中规定，相互有继承关系的几个人在同一事件中死亡，如不能确定死亡先后时间的，推定没有继承人的人先死亡。死亡人各自都有继承人的，如几个死亡人辈分不同，推定长辈先死亡；几个死亡人辈分相同，推定同时死亡，彼此不发生继承，由他们各自的继承人分别继承。根据上述法律规定，主要是基于保护继承人的利益和遵循自然法则，具体可以按照如下两点来理解：（一）根据实际死亡的先后时间确定。几个相互有继承关系的人在同一事件中死亡，如果能够确定他们死亡的时间，应当以此为继承的开始。例如，夫妻二人在同一事故中罹难，丈夫当场死亡，妻子在抢救去医院的途中死亡，则可以确定丈夫死亡在前，妻子死亡在后。如果夫妻二人各有一弟，再无其他亲人，根据《继承法》的规定，丈夫遗产先由妻继承，妻子死亡后遗产再行分配。最后夫妻的全部财产都由妻子的弟弟继承，丈夫的弟弟不能继承。（二）根据保护继承人利益和自然法则确定。相互有继承关系的几个人在同一事件中死亡，如不能确定死亡的先后时间的，推定没有继承人的人先死；如果死亡人各自都有继承人，但几个人辈分不同的，应推定长辈先死亡；几个死亡人辈分相同推定同时死亡，彼此之间不发生继承，分别由他们各自的继承人继承遗产。例如，一个四口之家，有父亲、大哥、二哥和小弟。大哥、二哥都已娶妻生

子，小弟未婚。某日，小弟驾驶自家汽车，拉着父亲、大哥、二哥到省城去谈生意，途中发生交通事故，导致四人死亡。在这种情形下，如果不能确定四个人死亡先后时间的，首先推定没有晚辈继承人的小弟先死亡，其财产应由其父一人继承；其次推定作为长辈的父亲死亡，由兄弟二人分割父亲的遗产，此时父亲的遗产中包括了已继承的小弟的遗产；最后推定大哥、二哥同时死亡，彼此不发生继承，由他们的妻子和子女分别继承。

## 老人过世时的分家析产就是继承吗？

兄弟姐妹多的家庭往往会在老人过世之后分家单过，此时的分家析产就是遗产继承吗？其实不是。分家析产是指家庭成员之间因生产和生活上的需要，或者由于不能在一起共同生活，而要求分割他们共同共有财产的法律行为。继承是因被继承人死亡而产生的将死者的遗产转移给继承人所有的法律行为。分家析产所分割的财产是家庭共有财产或者夫妻间的共同财产。而继承人所继承的财产，只能是被继承人的个人财产。分家析产既可以在被继承人生时也可以在其死后进行，而继承只能在被继承人死后进行。分家析产和遗产继承在一定程度上有关联性，遗产开始继承的具体操作是，继承开始之后，应当首先分出共有财产中属于被继承人的那一部分，然后再确定被继承人个人所有的全部财产（如他的婚前个人财产）。这样，经过明确的这两部分财产才是被继承人的遗产。因此分家析产不是遗产继承，经过分家析产后确定的死亡人个人财产才是遗产继承的内容。

【以案释法】临终前立的口头遗嘱有效吗？

**现实困惑**

某集团公司总裁胡某遭遇车祸，到医院抢救时已经奄奄一息，临终前对身边的人交代后事。要次子接替自己的位置，掌管公司。胡某去世后，长子以父亲临终前的口头遗嘱无效为由，要求接管公司，遂发生纠纷。临终前的口头遗嘱具有法律效力吗？

**律师说法**

我国《继承法》规定，遗嘱人在危急情况下，在有两个以上见证人在场的情况下，可以立口头遗嘱。本案中，胡某在临终前的紧急时刻，在身边有两个以上见证人的情况下，设立了口头遗嘱，应该被认定为是有效的。

## 丧偶儿媳、女婿在什么情况下拥有对公婆、岳父母的继承权？

根据法律规定，丧偶儿媳对公婆、丧偶女婿对岳父岳母尽了主要赡养义务的，作为第一顺序继承人。可见，对公婆、岳父母尽主要赡养义务的，丧偶儿媳、丧偶女婿才可取得继承权。那么，如何认定丧偶儿媳、丧偶女婿"尽了主要赡养义务"呢？根据相关司法解释，对被继承人生活提供了主要经济来源，或在劳务等方面给予了主要扶助的，应当认定其尽了主要赡养义务。其具体表现在以下三个方面：（一）在经济上为老人生活提供了帮助，老人主要依靠其提供的经济帮助生活；（二）为老人日常生活提供帮助，如为老人做饭、打扫卫生，生病时进行护理等；（三）对老人的帮助具有长期性。如属偶尔的看望、有限的劳务帮助等，不能视为尽了主要赡养义务，不能由此取得第一顺序继承人资格。

## 因父亲声明断绝父子（女）关系，子女就不用履行赡养义务了吗？

我国《婚姻法》第二十一条规定："子女对父母有赡养扶助的义务……子女不履行赡养义务时，无劳动能力的或生活困难的父母，有要求子女付给赡养费的权利。"父母子女关系是一种自然的血缘关系，它只能因死亡或子女被他人依法收养而终止，除此之外并不能人为地消除或改变。由此可见，不能因为父亲声明断绝父子（女）关系，子女就拒绝履行赡养义务。

### 养子女成年后不尽赡养养父母的义务，在养父母死亡后是否还有继承遗产的权利？

养子女对养父母应尽赡养义务，但如果养子女没有履行赡养义务，是否说明其将丧失继承养父母遗产的权利？其实不然，继承权利同赡养义务并不是一对对等的权利义务。不履行一项义务并不意味着另一项权利的丧失。换句话说，只有发生继承法规定的丧失继承权的情形，继承人才丧失继承权。而养子女未尽赡养义务，但是没有丧失继承权的，仍然享有财产继承权。当然针对这种情形，法律明确规定应当少分或者不分。

### 养子女已与养父母解除关系的，是否可以继承生父母的遗产？

我国《收养法》第二十九条规定："收养关系解除后，养子女与养父母及其他近亲属间的权利义务关系即行消除，与生父母及其他近亲属间的权利义务关系自行恢复，但成年养子女与生父母及其他近亲属间的权利义务关系是否恢复，可以协商确定。"由此可见，养子女未成年的，收养关系解除后，养子女和亲生父母的权利义务关系自行恢复，在这种情况下，养子女可以继承生父母的遗产；但如果是成年的养子女，他们本人愿意自食其力而不愿意回到生父母身边，或者生父母不同意与他恢复关系，那么他们对生父母的财产则不享有继承权。

**【以案释法】养子女和继子女可以继承生父母的遗产吗？**

**现实困惑**

曾某兄弟两人，由于曾某一生未婚，弟弟有两个儿子，于是过继了弟弟的小儿子，取名曾小某，并办理了合法的收养手续。曾小某自小就知道养父是大伯，虽然身为养子，但是在意识中，一直认定是生父母的孩子。2009年，曾小某的生父去世，曾小某与亲哥哥就遗产分配产生了纠纷。曾小某认为自己是父亲的亲生儿子，理所应当继承一份财产；而其哥哥认为，曾小某自小被过继给大伯，将来也会继承大伯的财产，不应该再跟自己争夺了。

**律师说法**

根据《收养法》第二十二条的规定，养子女与生父母及其他近亲属间的权利义务关系，因收养关系的成立而消除。这说明，养子女与生父母之间已经没有了法律上规定的子女与父母之间的种种权利义务，其中包括继承。所以，养子女一般是不能继承生父母的遗产的。但是有关司法解释中规定，被收养人对养父母尽了赡养义务，同时又对生父母扶养较多的，除可继承养父母的遗产外，依照《继承法》第十四条的规定："对继承人以外的依靠被继承人扶养的缺乏劳动能力又没有生活来源的人，或者继承人以外的对被继承人扶养较多的人，可以分给他们适当的遗产。"因此在这种情况下，倘若养子女对生父母的扶养尽了较多的义务，养子女也可以适当地分得生父母的部分遗产。但需要注意的是，在这种情况下，养子女并不是作为法定继承人依照法定继承来等额分配，而是根据继承法的特殊规定继承生父母的部分遗产。继父或继母和受其抚养教育的继子女间的权利和义务，适用《婚姻法》关于父母子女关系的有关规定，并互相成为第一法定顺序的继承人。由于继父母和继子女之间形成的是拟制血亲，继子女和生父母的权利义务并不因此而解除，所以继子女即使继承了继父母的遗产，也并不丧失继承其生父母遗产的权利。也就是说，在本案中，曾小某已经跟养父产生了合法的父子关系，他与生父之间的种种权利义务已经消除了，他已经不能作为法定继承人继承生父的遗产。但是具体到本案，子女是可以继承生父母的遗产的。如果曾小某一直在赡养生父，对生父的扶养尽了较多义务，也可以分得适当的遗产。

## 死亡抚恤金是否属于遗产？

当职工因公死亡或革命军人牺牲或病故时，有关国家机关、企事业单位会按照相应的劳动保险法规及对革命军人牺牲与病故抚恤的规定等，给该死者生前抚养、赡养的家属一定的抚恤金和生活补助费。发给死者家属这些抚恤金和生活补助费，是因为死者生前对家属负有赡养、抚养或扶养的义务，当其死亡后，国家或有关单位通过发抚恤金和生活补助费的形式对其家属予以一定的物质帮助和精神安慰。因而这并不是发给死者的，而是发给死者家属的，应由受抚恤的家属直接享有，而不能作为死者的遗产由继承人继承。

### 有限责任公司的股东资格能否继承？

根据继承法的规定，遗产是公民死亡时所遗留的个人合法财产。而有限责任公司股权就其本质属性而言，既包括股东的财产权，也包括基于财产权产生的身份权即股东资格，该身份权体现为股东可以就公司的事务行使表决权等有关参与公司决策的权利。就股权所具有的财产权属性而言，其作为遗产被继承是符合我国现行法律规定的。而股东资格的继承问题，则有必要在公司法中做出规定。因此《公司法》第七十六条规定提供了股权继承的一般原则：自然人股东死亡后，其合法继承人可以继承股东资格；但是，公司章程另有规定的除外。即自然人股东的合法继承人可以继承股东资格，同时也允许公司章程做出其他安排。

### 著作权能否作为遗产继承？

根据《著作权法》规定，著作权人享有复制权、发行权、出租权、展览权、表演权、放映权、广播权、信息网络传播权、摄制权、改编权、翻译权、汇编权及应当由著作权人享有的其他权利。著作权人可以许可他人行使或转让上述权利，并获得报酬，在其死亡之后，这些权利依照我国继承法规定进行继承。与此同时，著作人身权不得继承，不可让与。作者死亡后，他人不得删除、改变作者对其作品的署名。作品的修改权，未经作者授权，他人不得行使。

### 宅基地可以继承吗？

公民使用的宅基地，所有权属于国家或集体，公民是不能将宅基地作为遗产继承的，只享有使用权。宅基地使用权是指农村居民在集体所有的土地上建筑房屋工作、居住的权利。宅基地使用权的取得、行使和转让，适用《土地管理法》等法律和国家有关规定。公民使用的宅基地，只能与房屋所有权一同转移，不能作为遗产继承，只能在继承房屋所有权时，取得宅基地的使用权。同时，农村居民每户只能有一处不超过省、自治区、直辖市规定标准的宅基地，多出的宅基地，要依法收归集体所有。

### 人寿保险中的保险金可以作为遗产继承吗？

人寿保险，是保险标的为人的生命、健康等的保险。投保人与保险公司订立保险合同，并按约定交纳保险费后，保险合同关系成立。保险事故发生后，保险人应向受益人支付保险金。人寿保险合同中，受益人就是根据合同有权领取保险金的人，受益人由被保险人指定，可以是投保人，也可以是第三人。被保险人未指明受益人时，他的法定继承人应推定为受益人。因此，一般而言，被保险人死亡后，受益人应得的保险金不能列入遗产范围，不能作为遗产继承，也不能用来清偿死者生前所欠的税款和所负的债务。这是因为，在保险合同订明受益人时，保险金的所有权已经明确为受益人所有。对人身意外保险的保险金而言，只有在三种情况下，才可以作为被保险人的遗产由其继承人来继承：(1)投保人或被保险人没有指定受益人的；(2)受益人先于被保险人死亡，没有其他受益人的；(3)虽指定了受益人，但受益人丧失了受益权或受益人放弃受益权，且没有其他受益人的。在这些情形下，法律推定其受益人为其法定继承人，因此法定继承人可以共同分配保险金。

### 无人继承的财产如何处理？

所谓无人继承又无人受遗赠的遗产是指下列几种情况：

(1)被继承人既无法定继承人,又无遗嘱指定的遗嘱继承人或者受遗赠人。

(2)被继承人虽然有法定继承人或遗嘱继承人,但是全体继承人都放弃继承,或者全体继承人都丧失了继承权,都没有资格继承被继承人的遗产。

(3)被继承人没有法定继承人,只用遗嘱处分了一部分遗产,其余未加处分的那一部分遗产也属于无人继承又无人受遗赠的遗产。

对于无人继承又无人受遗赠的遗产,首先应当用来支付为丧葬死者所花掉的必要的费用,清偿死者生前欠下的债务,给予对死者生前尽过一定照料责任的人以适当补偿。余下的遗产,根据我国《继承法》第三十二条的规定,如果死者生前是集体所有制组织成员的则归他生前所在的集体所有制组织所有;如果死者生前是全民所有制组织成员或城镇无业居民、个体劳动者,则归国家所有。

## 为胎儿所留遗产份额属于谁?

我国《继承法》规定,遗产分割时,应当保留胎儿的继承份额。胎儿出生时是死体的,保留的份额按照法定继承办理。应当为胎儿保留的遗产份额没有保留的,应从继承人所继承的遗产中扣回。为胎儿保留的遗产份额,如胎儿出生后死亡的,由其继承人继承;如胎儿出生时就是死体的,由被继承人的继承人继承。所以为胎儿所留遗产份额应该与胎儿出生之后的存活状况有关,如若胎儿出生之后死亡的,由胎儿的继承人,即其父母继承为胎儿保留的份额;如若胎儿出生时即是死胎的,则由原先被继承人的继承人继承为胎儿所保留的份额,即将保留部分在继承人之间重新分割。

## 被继承人去世后,房产如何办理过户手续?

房产的继承是在被继承人死亡后,其房产由其遗嘱继承人或法定继承人继承。当继承发生时,如果有多个继承人,则应按遗嘱及有关法律规定进行析产继承,主要有以下几种情形:

(1) 如果老人在去世前办理了遗嘱公证，则继承人可携带遗嘱、被继承人的死亡证明、房产产权证明、亲属关系证明及本人身份证件到房屋管理部门办理过户手续。

(2) 如果老人在去世之前留下了遗嘱，但是该遗嘱未办理公证手续，则需要所有的继承人就遗产分割达成协议。继承人可以按照遗嘱进行分配，也可以有新的分割方案，达成一致后，所有的继承人需要到公证处办理遗产分割协议公证。放弃继承遗产的，需要出具书面的放弃继承声明。遗产分配协议公证后，可按照第一种情形办理。

(3) 如果老人去世之前未留下遗嘱，或者留下了遗嘱，但是遗嘱未经公证，有继承人认为遗嘱存在瑕疵或者不按照遗嘱分配遗产，各继承人对遗产的分割不能达成一致的，继承人可到法院起诉，要求按照法定或者遗嘱继承遗产。法院判决或调解后，继承人可携带判决书或调解书，以及被继承人的死亡证明、房产产权证明、亲属关系证明及本人身份证件到房屋管理部门办理过户手续。需要注意的是，若被继承房产的产权证仍在办理过程中，则需要等到产权证办理完毕后才能办理过户手续或者提起诉讼。

## 【以案释法】父母去世，独生子女如何继承遗产？

### 现实困惑

已到不惑之年的刘先生是家里的独生子，父亲早在十几年前就去世了，其名下的3万余股银行股票归老伴，也就是刘先生的母亲郝老太太全权处理。2015年6月，郝老太太也病故了，临终前留下遗嘱，将股票和自己名下的一处房产留给儿子刘先生继承。但是，在继承遗产时，刘先生却遇到了困难。刘先生要求继承股票，但股票交易所和银行无法确认刘先生的继承权，不予办理。他只好到法院起诉，但自己是独生子，没有其他同为继承人的兄弟姐妹，父母又都去世了，万般无奈之下，刘先生只好把妻子告上法庭，要求法院确认母亲的遗嘱合法有效，让其按遗嘱继承股票和房产。法院立案部门审查后认为，刘先生的妻子并不是继承案件的适合被告。刘先生无奈撤回了起诉。

### 律师说法

　　第一批响应独生子女政策的父母正渐渐老去。独生子女继承遗产问题也渐渐浮现于水面。由于当事人身份的特殊性以及与法律规定的不协调，在父母双亡的情况下，未成年独生子女由于不具有完全民事行为能力，继承遗产存在几方面困难：无法独立行使权利和提起诉讼，在确定监护人之前，继承其父母的遗产就存在障碍。其次，因继承人要求继承的遗产都是父母名下的房产或者生前以自己的名义在银行开户的存款，父母去世前又没有就财产进行说明，房屋登记管理部门或银行因无法确定继承人是否为唯一权利人而不予办理房产过户和存款支取手续，这就需要有公证处出具的遗产继承公证书或者法院的判决书。即便有证据可以证明独生子女为唯一合法继承人，在公证时，继承人还需要出示各种证明文件。例如，被继承人的父母已经去世几十年了，还得出具他们的死亡证明，这些材料很难找到从而无法通过公证的方式办理，只有通过诉讼的方式办理。然而，以诉讼的方式办理继承，必须有明确的其他继承人作为被告，而独生子女在父母双亡的情况下，无人可告，导致无法办理遗产继承。最后，如果被继承人的父母，即继承人的祖父母或者外祖父母仍然在世，按照《继承法》的规定，他们也有继承权，父母的财产就应由独生子女与（外）祖父母共同继承，独生子女不能完全取得父母的遗产。那么，父母去世后，独生子女怎么继承遗产呢？如何才能避免上述麻烦，由独生子女继承遗产呢？如果其他法定继承人均先于被继承人去世，独生子女确定为唯一法定继承人可搜集相关材料包括：继承人的身份证明、被继承人死亡证明、亲属关系证明、财产证明以及其他第一顺位继承人的死亡证明，到公证处办理遗产继承权公证，其中最难找到的其他第一顺位继承人的死亡证明，可以在被继承人的档案中查询其亲属关系，或者到其他第一顺位继承人生前户籍所在地查找销户证明。公证完成后，可以办理房屋过户登记，支取被继承人的银行存款。如果被继承人遗产不明，继承人可向公证处申请开具查询函，前往银行、不动产部门等查询包括房产、存款、理财产品股权等财产。为了独生子女的利益，父母生前应该办理遗嘱公证，将

> 为继承人以后继承遗产省去很多麻烦。遗嘱中还可以把遗嘱执行人选、遗产是否归子女个人所有预先做好安排,以避免子女婚姻出现问题时对继承的财产产生纷争。被继承人去世后,继承人可以直接用继承公证书,完成包括房产过户、存款支取、股票过户等在内的财产继承手续。

### 老人立遗嘱并进行公证有什么好处?

涉及财产继承,尤其是房产和大额的存款时,继承人之间会因为财产继承发生争议,影响家人的亲情。即使没有继承纠纷,在办理房产继承时,需要到公证处办理公证,提交相关的证明材料,过程十分复杂,可能仅因一个证明材料不齐,就影响房产继承的办理。最好的办法就是被继承人在世时立遗嘱并进行公证。如果有公证遗嘱,在办理房屋继承过户时,就可以按照遗嘱办理继承过户手续,不用去调查被继承人有多少个继承人,不用再提供遗嘱指定的继承人以外的其他继承人的情况,不用再去寻找去世多年的上一辈继承人的死亡证明,不用查阅继承人或被继承人的档案材料,不用放弃继承的继承人到公证处表示放弃,继承人之间也不用因为协商不成而诉诸法律了。

### 遗嘱无效,那么遗产该如何分配?

无效的遗嘱,继承应当按照法定继承办理。根据我国《继承法》第二十七条的规定,有下列情形之一的,遗产中的有关部分按照法定继承办理:(1)遗嘱继承人放弃继承或者受遗赠人放弃受遗赠的;(2)遗嘱继承人丧失继承权的;(3)遗嘱继承人、受遗赠人先于遗嘱人死亡的;(4)遗嘱无效部分所涉及的遗产;(5)遗嘱未处分的遗产。

## 【以案释法】立遗嘱后又对遗嘱财产进行了处理，遗嘱还有效吗？

**现实困惑**

王某去世前，设立了一份遗嘱，称其遗产中房屋由长子继承，50万元现金由其次子继承。遗嘱设立后不久，王某又将遗嘱中的10万元现金拿出来，用于炒股票，结果全部被套。这种情况下，遗嘱应如何认定？

**律师说法**

《最高人民法院关于贯彻执行〈中华人民共和国继承法〉若干问题的意见》规定，如果遗嘱人生前的行为与遗嘱的意思表示相反，而导致在继承开始前遗嘱中所涉及的财产所有权发生变动的，应当认定为遗嘱被撤销或部分被撤销。本案在继承开始前，王某处分了遗嘱中所涉及的部分财产，应当视为遗嘱被部分撤销。

### 遗嘱是被他人胁迫订立的，是否有效？

如果遗嘱是在他人胁迫之下订立的，并不是立遗嘱人的真实意思，内容无效。根据我国《继承法》第二十二条规定："遗嘱必须表示遗嘱人的真实意思，受胁迫、欺骗所立的遗嘱无效。"所以，胁迫他人订立的遗嘱无效。

### 哪些人不能作为遗嘱见证人？

我国《继承法》第十八条规定，以下人员不能作为遗嘱见证人：（1）无行为能力人、限制行为能力人；（2）继承人、受遗赠人；（3）与继承人、受遗赠人有利害关系的人。

### 法定继承人能够被遗嘱剥夺继承权吗？

我国《继承法》第十六条规定："公民可以依照本法规定立遗嘱处分个人财产，并可以指定遗嘱执行人。公民可以立遗嘱将个人财产指定由法定继承人的一人或者数人继承。公民可以立遗嘱将个人财产赠给国家、集体或者法定继承人以外的人。"由此可见，立遗嘱人可以自由依法处分其财产，从一定意义上说是可以剥夺法定继承人的继承权的。但是，需要注意的是，遗嘱应当为缺乏劳动能力又没有生活来源的继承人保留必要的遗产份额。

# 第四章 物权篇

# 第四章  物权篇

## 开发商可以将小区的停车位高价卖掉吗？

我国《物权法》第七十四条规定：建筑区划内，规划用于停放汽车的车位、车库，应当首先满足业主的需要。车位、车库的权利归属，可以由当事人通过出售、附赠或者出租等方式进行约定。

占用业主共有的道路或者其他场地用于停放汽车的车位，属于业主共有。综上，开发商不可以私自将小区的停车位高价卖掉。

## 如何转让第三人占有的动产？

在取得第三人同意的情况下，动产的所有权人可以要求第三人在租赁期满时，直接把动产交给购买人，以此代替自己的交付。这种情况在物权法上被称为"指示交付",指示交付是指一方出卖动产,而该动产不在自己手中,而在他人的占有之下,可以直接要求占有动产的人向买方交付,以代替物的实际交付。

### 抵押的房屋被他人损坏,谁有权提出赔偿?

房屋所有权人和抵押权人都有权提出赔偿。我国《物权法》规定,造成不动产毁损,给权利人造成损害的,权利人可以请求损害赔偿。房屋的所有权人和抵押权人均属于法律规定的"权利人",二者均有权提出赔偿请求。

### 违反交易习惯进行交易,能认定受让人存在过失吗?

《最高人民法院关于适用〈中华人民共和国物权法〉若干问题的解释(一)》明确规定,受让人受让动产时,交易的对象、场所或者时机等不符合交易习惯的,应当认定受让人具有重大过失。据此,违反交易习惯进行交易,应认定受让人存在过失,从而导致对自身不利的后果。

### 嫁到外村的妇女的责任田被征收,能获得补偿吗?

《物权法》第四十二条规定:"征收集体所有的土地,应当依法足额支付土地补偿费、安置补助费、地上附着物和青苗的补偿费等费用,安排被征地农民的社会保障费用,保障被征地农民的生活,维护被征地农民的合法权益。"嫁到外村的妇女,只要户口没有迁出,仍然是本村村民,就有权获得国家关于征地的所有补偿。

### 误买了别人走失的狗,失主可以索还吗?

我国《物权法》第一百零七条规定:"所有权人或者其他权利人有权追回遗失物。该遗失物通过转让被他人占有的,权利人有权向无处分权人请求损害赔偿,或者自知道或者应当知道受让人之日起二年内向受让人请求返还原物，但受让人通过拍卖或者向具有经营资格的经营者购得该遗失物的，权利人请求返还原物时应当支付受让人所付的费用。权利人向受让人支付所付费用后，有权向无处分权人追偿。"

## 小区内的绿地归谁所有？

我国《物权法》第七十三条明确规定，建筑区划内的道路，属于业主共有，但属于城镇公共道路的除外。建筑区划内的绿地，属于业主共有，但属于城镇公共绿地或者明示属于个人的除外。建筑区划内的其他公共场所、公用设施和物业服务用房，属于业主共有。据此，建筑区划内的绿地属于业主共有。

## 【以案释法】小区的车位到底归谁？

**现实困惑**

张先生在幸福花园购买了一套三室一厅的住房。开发商在销售住房时承诺：花园庭院，人性化立体空间布局规划，附赠多个免费车位……但是，张先生入住后却发现，只有购买车位才能取得停车权，于是张先生找到开发商理论，他们却说由于私家车的增多，小区设计的车位一时不能满足要求，只能出租。实际上开发商以7万元的价位对外卖掉了三分之一的车位，其余车位以每月300元的租金租给了小区居民。张先生可以免费使用车位吗？

**律师说法**

现实生活中，业主和开发商在买房时，时常因为车位的问题发生纠纷。《物权法》就车位的相关问题做了以下两方面的规定：第一，当事人通过出售、附赠或者出租等方式约定的，占用业主共有的道路或者其他场地用于停放汽车的车位，属于业主共有；第二建筑区划内，规划用于停放汽车的车位、车库应当首先满足业主的需要。具体到本案，开发商在销售住房时承诺附赠多个免费车位，因此双方当事人就车位的问题已经通过附赠的方式做了约定，所以张先生可以免费使用车位。为了避免发生这样的纠纷，建议消费者在买房时应该和开发商就车位和车库作出明确的约定。

## 业主不同意业主大会的决议，可以不执行吗？

我国《物权法》第七十八条规定："业主大会或者业主委员会的决定，对业主具有约束力。业主大会或者业主委员会作出的决定侵害业主合法权益的，受侵害的业主可以请求人民法院予以撤销。"《最高人民法院关于审理建筑物区分所有权纠纷案件具体应用法律若干问题的解释》第十二条规定："业主以业主大会或者业主委员会作出的决定侵害其合法权益或者违反了法律规定的程序为由，依据《物权法》第七十八条第二款的规定请求人民法院撤销该决定的，应当在知道或者应当知道业主大会或者业主委员会作出决定之日起一年内行使。"

## 【以案释法】房子空置也要交物业费吗？

**现实困惑**

杨女士于2014年年初买下某市某小区的一处住宅，但她一直没有入住。2015年年初，杨女士把房子租给别人。之后不久，物业公司要求杨女士补交2014年的物业管理费。杨女士认为自己的房子当年是空置的，没有享受到物业管理服务，不应该缴纳物管费。此案中杨女士是否应该缴纳物业费？

**律师说法**

杨女士应该缴纳物业费。物业合同是物业公司与业主委员会签订的，合同的效力涉及每一位业主。即使某个业主一段时间不在小区居住，但物业公司的服务使小区建筑物及其附属设施正常运行，仍然间接地为业主提供了服务。根据《最高人民法院关于审理物业服务纠纷案件具体应用法律若干问题的解释》的规定，物业服务企业已经按照合同约定以及相关规定提供服务，业主仅以未享受或者无须接受相关服务为抗辩理由的，人民法院不予支持。由此可见，杨女士虽未在小区内居住，但是其仍然要承担物业费。

未在物业服务合同中体现的服务项目，业主能否拒交物业服务费？

业主不能以未委托物业公司管理的事项为由拒交增收的服务费。我国《合同法》规定，当事人订立的合同有书面形式、口头形式和其他形式，而《物业管理条例》也规定业主委员会应当与业主大会选聘的物业管理企业订立书面的物业服务合同。所以，该物业公司应当与业主委员会签订书面服务合同。但是，对于未以书面形式签订物业服务合同的法律后果，我国《合同法》规定，当事人未采用书面形式订立合同，但一方已经履行主要义务，对方接受的，该合同成立。也就是说，合同形式违法并不必然导致合同无效。所以，物业管理企业实际上已经履行了服务，而业主也已接受，所以理应承担增收的物业服务费用。

业主违约，物业公司就可以停水、停电吗？

《合同法》第一百八十二条规定："用电人应当按照国家有关规定和当事人的约定及时交付电费。用电人逾期不交付电费的，应当按照约定支付违约金。经催告用电人在合理期限内仍不交付电费和违约金的,供电人可以按照国家规定的程序中止供电。"

据此,物业公司无权对小区业主采取停水、停电的措施。根据我国《行政处罚法》第十五条规定,行政处罚应由具有行政处罚权的行政机关在法定职权范围内实施。物业公司不是行政机关,不具有行政处罚权。因此,无权对业主采取罚款措施。

对于小区的供水、供电,《合同法》规定,用电人逾期不交付电费的,经催告用电人在合理期限内仍不交付电费的,供电人可以按照国家规定的程序中止供电。因此,只有供电人才可以按照国家规定的程序中止向用电人供电,而物业公司在任何情况下都无权对业主采取断水、断电的措施。

【以案释法】业主家漏水导致电梯停运,物业公司应承担责任吗?

**现实困惑**

2015年2月贺某与居住小区的A物业公司签订了《前期物业服务协议》。贺某在填写了装修申请表后对房屋进行了装修。2015年5月A物业公司为贺某出具了装修验收表,验收项目中暖气设备一栏为空白,并注明所有拆改部分出现问题造成的损失由业主承担。某天夜里,贺某家暖气跑水,贺某向物业公司报修,工作人员赶到现场,但漏水部位难以修理,无法及时控制,导致水漏至电梯,造成两部电梯无法运行。事后,物业公司要求贺某承担电梯的维修费用,贺某以物业公司自身处理不当造成电梯受损为由拒绝。物业公司应否为此承担责任?

**律师说法**

物业公司应当与贺某共同承担责任。本案中,贺某对于其拆改行为造成的漏水,应当为其行为所造成的损害后果承担相应的赔偿责任。但贺某在改造暖气时已征得A物业公司的同意,其不应承担暖气改造的责任。而电梯是物业设备管理中重要的部分,物业服务公司作为服务性经营单位应对电梯的日常运行、管理、养护及维修承担责任。贺某在通知物业公司房屋漏水后,物业公司应该意识到电梯被淹的可能，应采取紧急措施，如关闭电梯阀门。但物业公司人员却在无法及时控制的情况下才关闭电梯总阀，其采取措施不当，理应承担部分责任。

### 为装修而搬运建材，邻居不让通行怎么办？

我国《物权法》规定，"不动产权利人对相邻权利人因通行等必须利用其土地的，应当提供必要的便利。不动产权利人因建造、修缮建筑物以及铺设电线、电缆、水管、暖气和燃气管线等必须利用相邻土地、建筑物的，该土地、建筑物的权利人应当提供必要的便利。" 为装修而搬运建材，如邻居不让通行，可依据上述法律起诉至人民法院进行维权。

### 【以案释法】由于邻居挖地窖导致自家房屋损坏怎么办？

**现实困惑**

自2015年11月以来，孟某家的房屋地基下沉，墙体裂缝。孟家人经过仔细查看得知，原来是邻居唐某在其屋后挖地窖所致。于是孟某要求唐某赔偿。但唐某称，自己是在自家屋后挖地窖，并没有在孟家房屋范围内施工，因此不予赔偿。孟某能依法得到唐某的赔偿吗？

**律师说法**

如果孟某家房屋损坏确实是因为唐某家挖地窖所致，那么唐某应该给予孟某赔偿。我国《物权法》规定，不动产权利人挖掘土地、建造建筑物、铺设管线以及安装设备等，不得危及相邻不动产的安全。本案中，唐某挖地窖危及孟某房屋的安全，依法应当消除危险、恢复原状，并赔偿孟某损失。

## 【以案释法】小区内搬进加工作坊，居民不堪忍受噪声怎么办？

**现实困惑**

2016年5月，某住宅小区1号楼底楼搬进一个铝合金加工作坊。自从这个作坊搬来后，切割机、电锯的响声通宵达旦，居民根本无法入睡。业主们不堪其扰，于是一起找到作坊老板，要求作坊搬走。可是作坊老板声称自己有合法的租赁合同，且合同上写明租这个商铺是用来开办铝合金加工作坊的，业主们无权让自己搬迁。业主们对此就无可奈何了吗？

**律师说法**

业主们有权要求作坊从小区内搬走。我国《物权法》明确规定，禁止不动产权利人制造噪声污染。同时规定，物权的取得和行使，应当遵守法律，尊重社会公德，不得损害公共利益和他人的合法权益。本案中，铝合金作坊制造噪声，严重侵犯了小区居民的休息权，是违法的行为。根据《合同法》相关规定，损害社会公共利益的合同无效。作坊老板虽然有租赁合同，但因其损害了社会公共利益，合同归于无效。因此作坊应该从小区内搬走。

## 自家房屋被新建的楼房遮住阳光、挡住通风怎么办？

我国《物权法》第九条明确规定："建造建筑物，不得违反国家有关工程建设标准，不得妨碍相邻建筑物的通风、采光和日照。"新建的楼房影响原有房屋的采光和通风，导致房屋使用价值降低，客观上影响了原有房屋居民正常的生活居住环境，应当对原户主的损失进行赔偿。

## 住宅70年到期后，房屋所有人就不再享有所有权了吗？

我国《物权法》第一百四十九条规定："住宅建设用地使用权期间届满的，自动续期。"

## 城里人可以在农村取得宅基地使用权吗？

我国《物权法》第一百五十三条规定："宅基地使用权的取得、行使和转让，适用土地管理法等法律和国家有关规定。"《国务院关于深化改革严格土地管理的决定》（国发〔2004〕28号）规定："加强农村宅基地管理，禁止城镇居民在农村购买宅基地。"《国土资源部关于加强农村宅基地管理的意见》（国土资发〔2004〕234号）："严禁城镇居民在农村购置宅基地，严禁为城镇居民在农村购买和违法建造的住宅发放土地使用证。"综上，城里人不可以在农村取得宅基地使用权。

## 货运到后托运人不付运费怎么办？

我国《物权法》第二百三十条规定："债务人不履行到期债务，债权人可以留置已经合法占有的债务人的动产，并有权就该动产优先受偿。"第二百三十三条规定："留置财产为可分物的，留置财产的价值应当相当于债务的金额。"综上，如果货运到后托运人不付运费，权利人可以留置相当于债务金额的货物，并有权优先受偿。

# 第五章 侵权责任篇

# 第五章　侵权责任篇

**侵权人不确定的情况下如何实现被害人权利？**

根据我国《侵权责任法》的规定，二人以上实施危及他人人身、财产安全的行为，其中一人或者数人的行为造成他人损害，能够确定具体侵权人的，由侵权人承担责任；不能确定具体侵权人的，行为人承担连带责任。被侵权人对损害的发生也有过错的，可以减轻侵权人的责任。

【以案释法】两个流动小商贩躲避城管时共同撞伤他人，谁来赔偿损失？

**现实困惑**

马某和杨某都是小商贩，经常在大街上摆摊，但他们也时时关注着城管人员的行动以及时回避。有一天，马某等人正在街上开摊做生意，突然城管人员出现。马某看到城管人员慌忙拿着货物向一条胡同里跑，并叫杨某"快跑"，杨某闻听也朝胡同跑去。二人忙乱中将在树下乘凉的王老太太撞倒，造成其左小腿骨折。经住院治疗，王老太太花去医疗费用5 000元。对于王老太太的损失，应该由谁负责赔偿？

**律师说法**

本案涉及共同侵权的法律问题，对于王老太太的损失，应该由马某和杨某共同承担。我国《侵权责任法》第八条规定："二人以上共同实施侵权行为，造成他人损害的，应当承担连带责任。"《民法总则》第一百七十八条对

-067-

此也有相应的规定。由此可知，共同侵权行为的加害人应当承担连带责任。这里所说的连带，是指共同的、一致的、不可分割的。受害人既可以请求全部侵权人承担赔偿责任，也可以只要求其中一人承担全部赔偿责任。共同侵权人中的任何一个人都有义务对全部损害承担赔偿责任。共同侵权人中的一人对全部损害承担了赔偿责任之后，有权向其他没有承担责任的共同侵权人追偿。

### 侵权行为是因受害人主观故意造成的，谁来承担责任？

此问题涉及受害人责任。受害人责任是指损害的发生是由受害人的故意引起的，加害人根本没有过错，其法律后果由受害人自己承担，加害人不承担任何责任。根据我国《侵权责任法》第二十七条规定："损害是因受害人故意造成的，行为人不承担责任。"由此可见，受害人故意造成侵权行为的，加害方不承担责任，责任由受害人承担。

### 侵权行为是由工作人员在工作中造成的，所在单位应当赔偿吗？

用人单位作为责任人与具体行为人之间的关系是劳动关系，一方支付工资，另一方提供劳动力。劳动者为用人单位的利益而工作，用人单位享受劳动者的劳动或者工作成果，用人单位为劳动者承担侵权责任。如果劳动者有过错，则用人单位可以向劳动者追偿。根据我国《侵权责任法》第三十四条第一款的规定，用人单位的工作人员在工作过程中造成他人损害的，由用人单位承担侵权责任。

### 消费者在超市免费寄存的财物丢失，是否应当由超市承担责任？

根据我国《合同法》第三百六十五条及三百七十四条的规定，顾客在超市存包应属于保管合同。保管期间，因保管人保管不善造成保管物毁损、灭失的，保管人应当承担损害赔偿责任。但保管是无偿的，保管人证明自己没有重大过失的，不承担损害赔偿责任。在现实生活中，消费者因存包丢失而与经营者产生纠纷的现象很多。而在实践中，由于消费者常常无法提供有力的证据证明自己所存物品的价值，往往很难有效索赔，因此建议消费者在存包时尽量不要把贵重物品放在包内。如果包内有贵重物品，可以先向保管人员说明，否则如因所存物品遗失而与经营者打官司，可能会因无法举证而承担不利的后果。

### 顾客丢失随身携带财物，宾馆应否承担责任？

根据我国《消费者权益保护法》第七条的规定，消费者在购买、使用商品和接受服务时享有人身、财产安全不受损害的权利。消费者有权要求经营者提供的商品和服务符合保障人身、财产安全的要求。也就是说，经营者在为消费者提供商品和服务时，有保障消费者人身、财产安全的义务。但这并不是意味着任何经营者都必须无条件地对顾客随身携带的物品承担保管义务。通常情况下，顾客住宿时随身携带的财物在自己视力所及的范围之内，保管自己的财物是人之常情，这一点对于宾馆来说也是一种惯常做法。因此，宾馆不应对顾客随身携带的财物丢失承担责任。

### 因消费者未能亲自签收快递导致商品丢失，应如何处理？

消费者可向销售者索赔。我国《合同法》第八条规定："依法成立的合同，对当事人具有法律约束力。当事人应当按照约定履行自己的义务，不得擅自变更或者解除合同。"由此可知，合同的法律约束力是有相对性的，仅存在于当事人双方之间。消费者未能收取货物，销售者未能按照约定全面履行自己的义务，应承担法律责任。同时，销售者与快递公司之间也存在合同法律关系，快递公司应当按照运输合同约定将销售者交付承运的货物送达目的地，并经消费者验货签收，因此，销售者可以就运输合同追究快递公司的违约责任。要求公司承担继续履行、采取补救措施或者赔偿损失等违约责任。

### 小学生在学校发生意外，学校要负责吗？

我国《侵权责任法》第三十八条规定："无民事行为能力人在幼儿园、学校或者其他教育机构学习、生活期间受到人身损害的，幼儿园、学校或者其他教育机构应当承担责任，但能够证明尽到教育、管理职责的，不承担责任。"小学生为无民事行为能力的未成年人，所在的学校负有教育、管理和保护的义务，因此学校应当承担责任。

**【以案释法】学生在校时，被校外车辆隔钢丝网撞伤，学校承担责任吗？**

> **现实困惑**
>
> 然然是某县实验小学四年级的学生，经常惹是生非。有一天，他们正在上体育课，操场外面是一个停车场，两者之间用钢丝网隔开。然然偷懒靠在钢丝网上休息，有一辆汽车停车后退时，因司机对于距离判断不准，后退力量过猛，将然然撞倒在地。体育老师紧急将其送往医院，幸好隔着一个钢丝网，然然只受了点轻伤。对于然然的伤害，学校是否应当承担责任？
>
> **律师说法**
>
> 本案中对于然然的伤害，学校不应当承担事故责任。本案中，然然在学校上体育课时靠在与停车场隔断的钢丝网上休息，停车司机失误将然然撞伤。然然遭遇的是校外突发性、偶发性的事故，学校老师正常执行职务，事发后将其紧急送往医院，对学生尽力管理，行为并无不当。根据法律的规定：无民事行为能力人或者限制民事行为能力人在幼儿园、学校或者其他教育机构学习、生活期间，受到幼儿园、学校或者其他教育机构以外的人员人身损害的，由侵权人承担侵权责任。由此可见，面对突如其来的来自外来力量的伤害，只要学校尽到了安全保护义务，且无不当行为，就不承担责任，应当由侵权人承担侵权责任。

**未满18周岁少年有赔偿能力，将人打伤后，其父母可以不承担侵权赔偿责任吗？**

《侵权责任法》第三十二条第二款规定："有财产的无民事行为能力人、限制民事行为能力人造成他人损害的，从本人财产中支付赔偿费用。不足部分，由监护人赔偿。"未满18周岁的限制行为能力人，如果自己的财产足以承担赔偿责任，其父母可不承担侵权赔偿责任，如果自己的财产不足以承担全部赔偿责任，其父母须承担补充赔偿责任。

### 销售商家拒绝提供生产厂家信息时，是否应对产品造成的损害承担全部责任呢？

根据我国法律的规定，销售者不能指明缺陷产品的生产者也不能指明缺陷产品的供货者的，销售者应当承担侵权责任。销售商家拒绝提供生产厂家信息，直接导致消费者不知应向谁主张权利。因此，为保护消费者合法权益，销售商家应对产品造成的损害承担全部赔偿责任。

### 销售者赔偿了缺陷产品的损失，是否有权向生产厂家追偿？

我国《侵权责任法》规定，产品缺陷由生产者造成的，销售者赔偿后，有权向生产者追偿。《产品质量法》也规定，因产品存在缺陷造成人身、他人财产损害的，受害人可以向产品的生产者要求赔偿，也可以向产品的销售者要求赔偿。属于产品的生产者的责任，产品的销售者赔偿的，产品的销售者有权向产品的生产者追偿。

### 没有经过双方当事人的同意，可以就交通事故损害赔偿进行调解吗？

我国《道路交通事故处理程序规定》第十七条规定："当事人共同请求调解的，交通警察应当当场进行调解，并在道路交通事故认定书上记录调解结果，由当事人签名，交付当事人。"同时该规定第六十条还规定："当事人对道路交通事故损害赔偿有争议，各方当事人一致请求公安机关交通管理部门调解的，应当在收到道路交通事故认定书或者上一级公安机关交通管理部门维持原道路交通事故认定的复核结论之日起十日内，向公安机关交通管理部门提出书面申请。"因此，调解必须在双方当事人自愿的基础上进行，公安机关交通管理部门不能强迫双方违背个人意志达成协议。

**【以案释法】多人同在交通事故中死亡，赔偿时可以"同命不同价"吗？**

### 现实困惑

周某的父母在城市里打工，她随同到市里上学。一天放学时周某与同班同学方某、林某等十五人一起坐校车回家。途中校车与一辆卡车发生车祸，包括周某、方某、林某在内十个花季少年当场死亡。卡车所在的物流公司对方某、林某的家人赔偿20万元，而周某的家人只得到9万元的赔偿金。物流公司的说法是死亡人户口不一样（方某、林某是城镇户口，周某是农村户口），所依据的标准不同。物流公司的做法合法吗？

### 律师说法

物流公司的做法不符合我国《侵权责任法》的规定。实践中存在对农村居民和城市居民按不同标准支付死亡赔偿金，城市居民获得的死亡赔偿金比农村居民高一倍至二倍的情况。根据《侵权责任法》第十七条规定："因同一侵权行为造成多人死亡的，可以以相同数额确定死亡赔偿金。"此规定明确了在处理重大交通事故、矿山事故时可以不考虑年龄、收入状况等因素，以同一数额确定受难者的死亡赔偿金，尽量做到同命同价的赔偿原则。本案中，肇事卡车所在的物流公司进行赔偿时以受害人的户口为依据，采用不同的标准，造成同命不同价，这不符合《侵权责任法》的规定，物流公司应依据法律的规定加以改正。

**已经交付但未办理所有权登记的机动车，经过多次买卖后发生交通事故时，由谁承担责任？**

根据《最高人民法院关于审理道路交通事故损害赔偿案件适用法律若干问题的解释》第四条的规定可知，经过多次买卖的机动车在已经交付但未办理所有权登记的情况下发生交通事故的损害，首先由保险公司在机动车第三者责任强制保险责任限额范围内予以赔偿，不足的部分再由最后一次的受让人承担赔偿责任。因此，多次转让且已经交付但未办理过户手续的机动车发生交通事故的，除保险公司依法在责任限额内赔付外，由实际使用的最后一次转让并交付的受让人承担赔偿责任。

未经车辆所有人同意而擅自驾驶车辆造成他人损失的，机动车所有人需要承担赔偿责任吗？

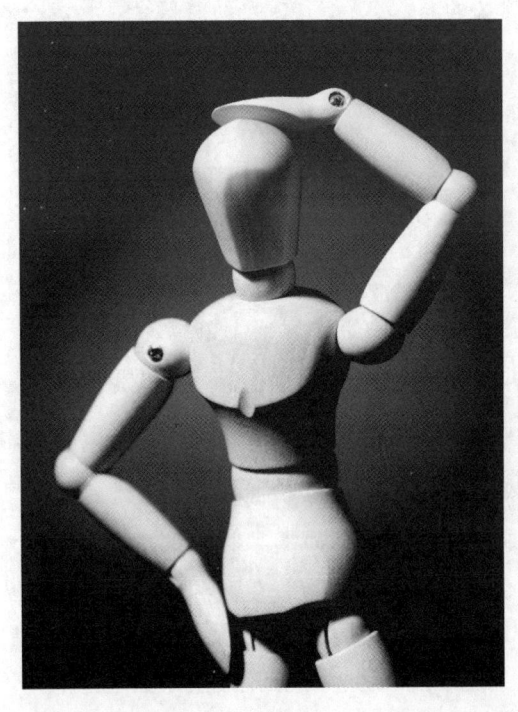

根据我国《最高人民法院关于审理道路交通事故损害赔偿案件适用法律若干问题的解释》第二条的规定，我们可以看出，在未经车辆所有人同意而擅自驾驶车辆造成他人损失的情况下，首先由保险公司在机动车第三者强制保险责任限额范围内予以赔偿，不足部分由机动车的使用人承担。机动车所有人对事故的发生存在过错的，也要承担相应的赔偿责任。这里的"过错"是指，机动车所有人知道或者应当知道：（1）机动车存在缺陷且该缺陷是交通事故发生的原因；（2）使用人未取得相应的驾驶资格；（3）使用人有饮酒、服用国家管制的精神药品或者麻醉药品，或者患有妨碍安全驾驶机动车的疾病等依法不能驾驶机动车的情形等其他能够认定机动车所有人存在过错的情形。因此，机动车所有人与车分离时发生交通事故，除使用人承担责任外，所有人有过错的也必须承担相应责任。

## 饲养的宠物致人伤害怎么办？

我国法律规定了饲养的动物致人损害的侵权行为，应由饲养人或管理人承担赔偿责任。法律同样也规定了饲养人的免责事由，即能够证明损害是因被侵权人故意或者重大过失造成的，饲养人或管理人可以不承担或者减轻责任。

## 花盆砸伤路人造成的损害应由谁承担？

我国《侵权责任法》规定：建筑物、构筑物或者其他设施及其搁置物、悬挂物发生脱落、坠落造成他人损害，所有人、管理人或者使用人不能证明自己没有过错的，应当承担侵权责任。所有人、管理人或者使用人赔偿后，有其他责任人的，有权向其他责任人追偿。

## 人肉搜索对人致害，网站和发帖人是否负赔偿责任？

人肉搜索实际上是网友通过网络平台进行互动，汇集大量参与人提供的信息，从而取得最终搜索结果的一种方式。我国《侵权责任法》规定："网络用户利用网络服务实施侵权行为的，被侵权人有权通知网络服务提供者采取删除、屏蔽、断开链接等必要措施。网络服务提供者接到通知后未及时采取必要措施的，对损害的扩大部分与该网络用户承担连带责任。网络服务提供者知道网络用户利用其网络服务侵害他人民事权益，未采取必要措施的，与该网络用户承担连带责任。"因此网站和发帖人应负赔偿责任。

【以案释法】女白领网上发帖揭露月嫂，是否涉及侵权？

**现实困惑**

2016年6月中旬，即将临盆的石小姐通过某论坛网友发帖的推荐，结识了月嫂黄阿姨。双方经过面谈之后，彼此都感到十分满意，于是便以7000元的月薪达成协议。石小姐生产后，黄阿姨在她家担任住家月嫂。但是在雇佣关系结束以后，石小姐却在网上发帖揭露黄阿姨在服务期间的种种"劣迹"：

上完洗手间不洗手；比产妇起的还晚；厨房总是水嗒嗒的，东西摊得到处都是……自从这张帖子贴出之后，黄阿姨本已签订的两张工作合约都被雇主单方面解除了。黄阿姨以石小姐侵犯其名誉权为由将此案诉至法院，要求雇主石小姐在网上公开道歉，并赔偿精神损失和经济损失。黄阿姨的诉讼请求能否得到法院的支持？

**律师说法**

月嫂黄阿姨可以要求石小姐赔偿。虽然每个公民在网上都具有言论自由，但这是在不违反法律规定前提下的自由，任何人都应对自己的言论负责，一旦侵害他人权利，应承担相应的责任。如果石小姐歪曲或者捏造事实，在网络这种公共媒介上传播对别人不利的信息，则构成了对别人名誉权的侵害。法律规定："网络用户、网络服务提供者利用网络侵害他人民事权益的，应当承担侵权责任。"据此，如果石小姐发帖的内容不真实，则应该在网上公开道歉，并赔偿黄阿姨的精神损失和经济损失。同时，在此案中，如果网站未对这个事件采取相应的应对措施来避免黄阿姨的名誉遭受更大损失的，应该和石小姐对损害的扩大部分与该网络用户承担连带责任。

# 第六章 劳动保障篇

# 第六章　劳动保障篇

## 员工到新公司开始上班，应当从什么时间开始签订劳动合同？

劳动关系从用工之日起确立，为保护劳动者的合法权益，法律规定用人单位有与劳动者订立书面劳动关系的义务。如果用人单位不履行义务，用人单位承担不利的法律后果。我国《劳动合同法》第七条规定："用人单位自用工之日起即与劳动者建立劳动关系。用人单位应当建立职工名册备查。"第十条规定："建立劳动关系，应当订立书面劳动合同。已建立劳动关系，未同时订立书面劳动合同的，应当自用工之日起一个月内订立书面劳动合同。"同样，根据我国《劳动合同法》第八十二条第一款规定："用人单位自用工之日起超过一个月不满一年未与劳动者订立书面劳动合同的，应当向劳动者每月支付二倍的工资。"由此可见，员工到新公司开始上班，签订劳动合同的时间是一开始上班至上班一个月内。用人单位自劳动者上班一个月后至不满一年还不签订劳动合同的，就需要向劳动者支付每月二倍的工资。

## 员工在试用期内，都有哪些权利？

根据我国《劳动合同法》的规定，劳动者在试用期内享有以下几方面的权利：第一，劳动者有享受保险待遇的权利。用人单位与劳动者建立了劳动关系以后，即应按月为劳动者缴纳养老、失业等社会保险费用。第二，劳动者除获得劳动报酬外，还应享受与其他职工相同的保险福利待遇。第三，用人单位一方如有违反法律法规及合同约定的行为并对劳动者造成损害的，劳动者有权获得赔偿。第四，劳动者可以随时提出解除劳动合同终止劳动关系。

【以案释法】用人单位可以向应聘员工随便收取费用吗？

**现实困惑**

2016年5月1日，沈某被招聘为某公司职员，该公司与沈某签订劳动合同时，要求其先交1 000元押金，否则不予签订合同。沈某无奈之下交纳了1 000元押金后与该公司签订了为期3年的劳动合同。不久之后，沈某听说公司此举违反了相应的法律规定，便要求公司退回先前交纳的1 000元，遭到拒绝。公司还威胁，如果退回押金，就解除劳动合同。于是，沈某向当地劳动仲裁机构提出申诉请求。用人单位可以向沈某收取费用吗？

**律师说法**

《中华人民共和国劳动合同法》第九条规定："用人单位招用劳动者，不得扣押劳动者的居民身份证和其他证件，不得要求劳动者提供担保或者以其他名义向劳动者收取财物。"用人单位向求职的劳动者收取费用是《劳动合同法》所明确禁止的，如果存在收取费用的行为，要将收取的费用全部退还。如果因收取费用给劳动者造成损害的，应当承担赔偿责任。因此，本案中，该公司向沈某收取押金的行为是违法的，应当无条件退还。

### 员工在做兼职时，可以拒绝签订书面劳动合同吗？

非全日制用工可以订立口头合同，这是为了更好地保持非全日制用工形式的灵活性以促进就业，《劳动合同法》采用了最为宽松的模式。根据我国《劳动合同法》第六十九条规定："非全日制用工双方当事人可以订立口头协议。从事非全日制用工的劳动者可以与一个或者一个以上用人单位订立劳动合同；但是，后订立的劳动合同不得影响先订立的劳动合同的履行。"因此，员工可以拒绝与兼职单位签订书面的劳动合同。

### 试用期不给工资可以吗？

我国《劳动合同法实施条例》第十五条规定："劳动者在试用期的工资不得低于本单位相同岗位最低档工资的80%或者不得低于劳动合同约定工资的80%，并不得低于用人单位所在地的最低工资标准。"所以，对于劳动者的劳动，用人单位应该给予相应的报酬，无偿劳动是不合法的。用人单位应该按照相关法律规定给予劳动者试用期的工资。

### 劳动者谎报学历对签订的劳动合同效力是否有影响？

随着就业竞争的加剧，用人单位对劳动者学历的要求越来越高。这样，对于一些大中专学生来说，可能没有直接参与竞争的机会。于是，很多求职者在求职时，都会谎报自己的学历，以取得和用人单位面试的机会，争取签订劳动合同。根据我国《劳动合同法》第二十六条规定："下列劳动合

同无效或者部分无效：（一）以欺诈、胁迫的手段或者乘人之危，使对方在违背真实意思的情况下订立或者变更劳动合同的。"求职者在求职时，谎报自己的学历，明显属于一种欺诈行为，在这种情况下签订的劳动合同是没有法律效力的。劳动者应聘时，应主动告知用人单位自己的真实学历，不得隐瞒，否则会影响劳动合同效力。

### 已经履行的劳动合同，还可以变更吗？

我国《劳动合同法》第三十五条规定："用人单位与劳动者协商一致，可以变更劳动合同约定的内容。变更劳动合同，应当采用书面形式。变更后的劳动合同文本由用人单位和劳动者各执一份。"因此，已经履行的劳动合同，是可以变更的。即如果用人单位想变更劳动合同的内容，应提前与劳动者协商，并且要采用书面形式。

### 劳动合同已经到期，虽没有续签，但劳动者继续上班的，该怎么算？

我国《劳动合同法》第五十条规定，当事人双方履行了合同义务，劳动合同终止、解除以后，用人单位应当与劳动者办理终止或解除劳动合同的手续，为劳动者出具终止、解除劳动合同证明书，作为劳动者按规定享受失业保险待遇和求职登记的凭证。如果用人单位愿意与劳动者继续维持劳动关系，就应该续签合同。如果合同期满后，双方对此没有任何异议，则认定为双方默认按照劳动合同的约定继续履行。根据《最高人民法院关于审理劳动争议案件适用法律若干问题的解释（一）》第十六条规定："劳动合同期满后，劳动者仍在原用人单位工作，原用人单位未表示异议的，视为双方同意以原条件继续履行劳动合同。一方提出终止劳动关系的，人民法院应当支持。"由此，已经到期的劳动合同，虽没有续签但劳动者继续上班的，属于双方默认按照劳动合同的约定继续履行的情形。

## 劳动者可以解除劳动合同的情况有哪些？

我国《劳动合同法》第三十八条明确规定："用人单位有下列情形之一的，劳动者可以解除劳动合同：（一）未按照劳动合同约定提供劳动保护或者劳动条件的；（二）未及时足额支付劳动报酬的；（三）未依法为劳动者缴纳社会保险费的；（四）用人单位的规章制度违反法律、法规的规定，损害劳动者权益的；（五）因本法第二十六条第一款规定的情形致使劳动合同无效的；（六）法律、行政法规规定劳动者可以解除劳动合同的。

【以案释法】女职工怀孕6个月在家待产，用人单位可以将其辞退吗？

**现实困惑**

韩某与北京一家外资酒店签订了为期四年的合同，任大堂接待。不久，韩某到医院检查，发现自己怀孕了，遵照医嘱要多休息。此后，韩某经常出现迟到早退现象，但基本上仍坚持每天上班。公司得知韩某怀孕后，将其转为后勤，韩某一直坚持工作。直到怀孕6个月了，要在家休假待产。公司以韩某耽误工作为由，决定将其辞退。用人单位可以在这时候将韩某辞退吗？

**律师说法**

用人单位不能在韩某待产期间将韩某辞退。女性由于生理上的原因，会有一些特殊的情况，有时会影响到工作和生活。《劳动法》规定劳动者有下列情形之一的，用人单位不得解除劳动合同：（一）患职业病或者因工负伤并被确认丧失或者部分丧失劳动能力的；（二）患病或者负伤，在规定的医疗期内的；（三）女职工在孕期、产期、哺乳期内的；（四）法律、行政法规规定的其他情形。由此，韩某公司不能以其休产假，不能履行合同约定的义务为由，将其辞退，这是对女性职工权益的保护。此外，用人单位在韩某整个孕期、产期、哺乳期都不能找借口将其辞退。

## 用人单位拖欠劳动者工资，劳动者可获得赔偿吗？

《工资支付暂行规定》第十八条明确规定了用人单位有下列侵害劳动者合法权益行为的，由劳动行政部门责令其支付劳动者工资和经济补偿，并可责令其支付赔偿金：（一）克扣或者无故拖欠劳动者工资的；（二）拒不支付劳动者延长工作时间工资的；（三）低于当地最低工资标准支付劳动者工资的。因此，用人单位拖欠劳动者工资，除了将拖欠的工资原数发放外，还应该对其侵权行为承担责任，对劳动者做出一定的赔偿。

## 用人单位能否因为劳动者拒绝加班而扣工资？

标准工作时间以外延长劳动者工作时间和休息日、法定休假日安排劳动者工作，都是占用了劳动者的休息时间，都应当严格加以限制，高于正常工作时间支付工资报酬即是国家采取的一种限制措施。根据我国《劳动合同法》第三十一条的规定："用人单位应当严格执行劳动定额标准，不得强迫或者变相强迫劳动者加班。用人单位安排加班的，应当按照国家有关规定向劳动者支付加班费。"根据我国《劳动法》第四十一条规定："用人单位由于生产经营需要，经与工会和劳动者协商后可以延长工作时间，一般每日不得超过一小时；因特殊原因需要延长工作时间的，在保障劳动者身体健康的条件下延长工作时间每日不得超过三小时，但是每月不得超过三十六小时。"因此，用人单位不能因劳动者拒绝加班就扣工资。

## 有哪些情形可以认定为工伤？哪些情形不认定为工伤？

《工伤保险条例》第十四条第一项规定，职工在工作时间和工作场所内因工作原因受到事故伤害的，应当认定为工伤。该规定中的"工作场所"是指与职工工作职责相关的场所，在有多个工作场所的情况下还应包括职工来往于多个工作场所之间的合理区域。该规定中的"因工作原因"，指职工受伤与其从事本职工作之间存在关联关系，即职工受伤与其从事本职工作存在一定关联。同时《工伤保险条例》第十六条规定了排除工伤认定的三种法定情形，即因故意犯罪、醉酒或者吸毒、自残或者自杀的，不得认定为工伤或者视同工伤。职工从事工作中存在过失，不属于上述排除工伤认定的法定情形，不能阻却职工受伤与其从事本职工作之间的关联关系。

## 【以案释法】劳动合同中"发生伤亡事故概不负责"的条款有效吗？

**现实困惑**

王某与某建筑公司签订了一份为期三年的劳动合同，合同中约定有"发生伤亡事故本公司概不负责"的条款。不久，王某在一次施工中不慎从脚手架上摔落，造成腰椎粉碎性骨折，下肢瘫痪生活不能自理。事故发生后，王某一家无力承担巨额的医疗费用，遂要求公司支付医疗费用。建筑公司以早有约定为由，声称与公司完全没有关系，拒绝支付。王某与公司签订的劳动合同有效吗？

**律师说法**

我国《劳动合同法》第二十六条明确规定了劳动合同无效或部分无效的情形：（一）以欺诈、胁迫的手段或者乘人之危，使对方在违背真实意思的情况下订立或者变更劳动合同的；（二）用人单位免除自己的法定责任、排除劳动者权利的；（三）违反法律、行政法规强制性规定的。王某与建筑公司签订的合同中，"发生伤亡事故本公司概不负责"的条款属于排除劳动者权利，是无效的，其余部分，如果没有违反相关的法律规定，应视为有效。建筑行业是比较危险的行业，一些建筑公司为了减少支出，扩大收益，便会要求职工签订包含"发生伤亡事故本公司概不负责"等类似条款的合同，这些条款加重了劳动者的负担，有失公平，因此不能成为免责事由，公司不能以此作为逃避责任的理由。王某的家属可以主张权利，要求建筑公司支付医疗费用。

### 职工默许公司不缴纳养老保险，公司能否免责？

《劳动法》第七十二条中规定："用人单位和劳动者必须依法参加社会保险缴纳社会保险费。"《社会保险法》第四条规定："中华人民共和国境内的用人单位和个人依法缴纳社会保险费，有权查询缴费记录、个人权益记录，要求社会保险经办机构提供社会保险咨询等相关服务。个人依法享受社会保险待遇，有权监督本单位为其缴费情况。"这说明，参加社会保险，缴纳社会保险费不光是用人单位的义务，也是劳动者的义务，是用人单位和劳动者的共同义务。对于劳动者的权利，劳动者当然可以放弃，但对于义务就必须履行无权放弃。因此，即使劳动者不想参加社会保险也是不行的。养老保险是国家为了保障职工退休后的基本生活而建立的一种社会保障制度，也是社会保险的一种。《中华人民共和国社会保险法》第二条规定："国家建立基本养老保险、基本医疗保险、工伤保险、失业保险、生育保险等社会保险制度保障公民在年老、疾病、工伤、失业、生育等情况下，依法从国家和社会获得物质帮助的权利。"因此，职工默许公司不缴纳养老保险，公司不能免责。

### 劳动者能否因为单位违法解除劳动合同而获得赔偿和补偿？

我国《劳动合同法实施条例》第二十五条规定："用人单位违反劳动合同法的规定解除或者终止劳动合同，依照《劳动合同法》第八十七条的规定支付了赔偿金的，不再支付经济补偿。"同样，我国《劳动合同法》第八十七条规定："用人单位违反本法规定解除或者终止劳动合同的，应当依照本法第四十七条规定的经济补偿标准的二倍向劳动者支付赔偿金。"由此可知，单位违法解除劳动合同，劳动者应该获得赔偿，但不能再获得补偿。

因公受伤后，可以既报工伤保险又报医疗保险吗？

根据我国《社会保险法》第三十条第一款的规定："下列医疗费用不纳入基本医疗保险基金支付范围：（一）应当从工伤保险基金中支付的；（二）应当由第三人负担的；（三）应当由公共卫生负担的；（四）在境外就医的。"此外，根据本法第三十八条规定："因工伤发生的下列费用，按照国家规定从工伤保险基金中支付：（一）治疗工伤的医疗费用和康复费用；（二）住院伙食补助费；（三）到统筹地区以外就医的交通食宿费；（四）安装配置伤残辅助器具所需费用；（五）生活不能自理的，经劳动能力鉴定委员会确认的生活护理费；（六）一次性伤残补助金和一至四级伤残职工按月领取的伤残津贴。"由此可见，因公受伤后，工伤保险和医疗保险是不可以一起报的。社会保险是用来保障和维护人们最基本利益的，而非人们盈利的手段。所以不可能同时使用两种保险进行重复报销。

【以案释法】工作期间干私活受伤算工伤吗？

**现实困惑**

西师傅是某车床厂的工人，2015年8月15日上午上班期间，见车间负责人不在，便想用车床给自己五岁的小儿子做一把玩具手枪。在操作过程中，因机器出现故障不慎轧断三根手指。事后，西师傅以单位的劳动工具有安全隐患导致他受伤为由，要求厂里按工伤处理。厂方认为西师傅违反工厂管理规定，在工作时间干私活受伤，非但不能按工伤处理，还要按工厂的员工守则与车间操作规程追究责任。西师傅能得到工伤赔偿吗？

**律师说法**

《工伤保险条例》第十四条规定了职工有下列情形之一的，应当认定为

### 我们身边的法律常识

工伤：(一)在工作时间和工作场所内，因工作原因受到事故伤害的；(二)工作时间前后在工作场所内，从事与工作有关的预备性或者收尾性工作受到事故伤害的；(三)在工作时间和工作场所内，因履行工作职责受到暴力等意外伤害的；(四)患职业病的；(五)因工外出期间，由于工作原因受到伤害或者发生事故下落不明的；(六)在上下班途中，受到非本人主要责任的交通事故或者城市轨道交通、客运轮渡、火车事故伤害的；(七)法律、行政法规规定应当认定为工伤的其他情形。由此，西师傅因在上班时间干私活而受伤，不属于工伤，后果应由其自负。按照《工伤保险条例》规定，只有因工受伤以及视为因工受伤的情况才能享受工伤保险待遇。只要伤亡不能认定为工伤的，就不能享受工伤保险待遇。本案中的西师傅在工作时间为儿子制作玩具，并非其正常的工作内容，由此造成的伤害不属于因工伤害，所以不能享受工伤保险待遇。

## 【以案释法】加班途中受伤的，是否属于工伤？

**现实困惑**

小谢是某公司的一名职员。2015年"十一"期间，公司接到一批较急的业务，需要加班处理。10月4日，小谢工作到深夜，非常疲惫，在回家的路上不慎被迎面而来的摩托车撞伤，为此花去医疗费3 000余元。小谢在加班回家的途中受伤，能享受工伤待遇吗？

**律师说法**

按照我国《工伤保险条例》的规定，上下班途中受到机动车事故伤害的应当认定为工伤。同时，《最高人民法院关于审理工伤保险行政案件若干问题的规定》第六条规定："对社会保险行政部门认定下列情形为'上下班途中'的，人民法院应予支持：(一)在合理时间内往返于工作地与住所地、经常居住地、单位宿舍的合理路线的上下班途中；(二)在合理时间内往返于工作地与配偶、父母、子女居住地的合理路线的上下班途中；（三）从事属于日常工作生活所需要的活动，且在合理时间和合理路线的上下班途中；（四）在合理时间内其他合理路线的上下班途中。这里所说的"上下班途中"，既包括职工正常工作的上下班途中，也包括职工加班加点的上下班途中。本案中小谢在加班后下班回家的路上被摩托车撞伤，应当被认定为工伤。

## 离退休人员再就业受伤还可以享受工伤保险待遇吗？

根据《最高人民法院关于审理劳动争议案件适用法律若干问题的解释（三）》第七条规定，用人单位与其招用的已经领取退休金的人员发生的争议，人民法院应当按劳务关系处理。但是《劳动部关于印发〈关于贯彻执行《中华人民共和国劳动法》若干问题的意见〉的通知》第二条规定，中国境内的企业、个体经济组织与劳动者之间，只要形成劳动关系，即劳动者事实上已成为企业、个体经济组织的成员，并为其提供有偿劳动，适用劳动法。2007年《最高人民法院关于离退休人员与现工作单位之间是否构成劳动关系以及工作时间内受伤是否适用〈工伤保险条例〉问题的答复》中也提到，根据《工伤保险条例》第二条等有关规定，离退休人员受聘于现工作单位，现工作单位已经为其缴纳了工伤保险费，其在受聘期间因工作受到事故伤害的，应当适用《工伤保险条例》的有关规定处理。根据该规定，离退休人员再就业受伤仍可以依法享受工伤保险待遇。

## 被借调到其他用人单位受伤的职工，应该由谁负责？

根据《工伤保险条例》第四十一条第三款的规定："职工被借调期间受到工伤事故伤害的，由原用人单位承担工伤保险责任，但原用人单位与借调单位可以约定补偿办法。"劳动者由于服从单位安排而使自己的劳动场所及服务对象发生变化，但是仍然执行的是原用人单位的任务，因此受到伤害仍应由原用人单位承担工伤保险责任。

## 谁来承担用人单位不承认工伤的举证责任？

如果用人单位不承认工伤的，则应该由用人单位承担举证责任。其法律依据是《工伤保险条例》第十九条："劳动保障行政部门受理工伤认定申请后，根据审核需要可以对事故伤害进行调查核实，用人单位、职工、工会组织、医疗机构以及有关部门应当予以协助。职业病诊断和诊断争议的鉴定，依照职业病防治法的有关规定执行。对依法取得职业病诊断证明书或者职业病诊断鉴定书的，劳动保障行政部门不再进行调查核实。职工或者其近亲属认为是工伤，用人单位不认为是工伤的，由用人单位承担举证责任。"劳动者处于弱势地位，用人单位掌握着劳动者的相应资料，如果将举证责任强加到劳动者身上，劳动者将无法进行维权之路。

### 劳动者离职是否需要支付违约金？

劳动法对于劳动合同违约金的问题基本上没有涉及。而是交给用人单位和劳动者协商解决。为防止劳动者离职，不少用人单位都规定了高额违约金，为此，劳动合同法对违约金进行了规范。规定只有在两种情况下用人单位才可与劳动者约定由劳动者承担违约金。第一种情况是用人单位为劳动者提供专项培训费用，对其进行专业技术培训的，与该劳动者订立协议，约定服务期后，如果劳动者违反服务期约定的，应当按照约定向用人单位支付违约金。第二种情况是用人单位与负有保密义务的劳动者在劳动合同或者保密协议中约定了竞业限制条款后，如果劳动者违反竞业限制约定的，应当按照约定向用人单位支付违约金。

### 对于不执行劳动仲裁结果的员工，用工单位可以对其申请强制执行吗？

强制执行是指法院按照法定程序，运用国家强制力量，根据执行文书的规定，强制民事义务人完成其所承担的义务，以保证权利人的权利得以实现的措施。所以强制执行都是由人民法院执行，劳动仲裁裁决也不例外，应当由人民法院强制执行。强制执行必须有合法的执行文书，包括发生法律效力的民事判决书、裁定书以及依法应由法院执行的其他法律文书。根据我国《劳动法》第八十三条规定，劳动争议当事人对仲裁裁决不服的，可以自收到仲裁裁决书之日起十五日内向人民法院提起诉讼。一方当事人在法定期限内不起诉又不履行仲裁裁决的，另一方当事人可以申请人民法院强制执行。同样，根据我国《劳动争议调解仲裁法》第五十一条规定，当事人对发生法律效力的调解书、裁决书，应当依照规定的期限履行。一方当事人逾期不履行的，另一方当事人可以依照民事诉讼法的有关规定向人民法院申请执行。受理申请的人民法院应当依法执行。由此可知，用工单位可以对不执行劳动仲裁结果的员工申请强制执行。

## 人民法院可以先予执行正在劳动仲裁的劳动争议吗？

先予执行，是指人民法院在终局裁决、判决之前，为解决权利人生活或生产经营的急需，依法裁定义务人预先履行义务的制度。先予执行的目的是为了解决权利人生活或生产经营的急需。在劳动争议的解决过程中，先予执行为很多弱势劳动者解了燃眉之急。根据我国《劳动争议调解仲裁法》第四十四条规定，仲裁庭对追索劳动报酬、工伤医疗费、经济补偿或者赔偿金的案件，根据当事人的申请，可以裁决先予执行，移送人民法院执行。此外，仲裁庭裁决先予执行的，应当符合下列条件：（一）当事人之间权利义务关系明确；（二）不先予执行将严重影响申请人的生活。劳动者申请先予执行的，可以不提供担保。

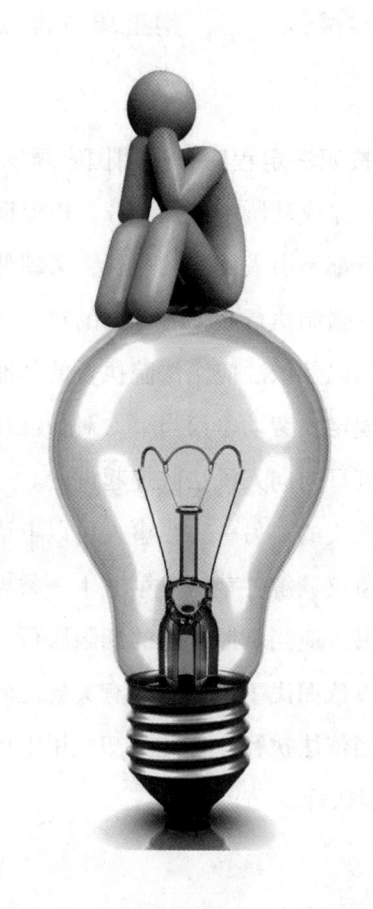

# 第七章 房产交易篇

# 第七章　房产交易篇

是否共有人必须共同申请共有房屋登记？

　　《房屋登记办法》第十三条规定："共有房屋，应当由共有人共同申请登记。共有房屋所有权变更登记，可以由相关的共有人申请，但因共有性质或者共有人份额变更申请房屋登记的，应当由共有人共同申请。"由此可以看出，共有人以共有房屋申请登记的，必须一起申请。这样既可以提高共有人对共有房屋共同申请登记的意识，保证登记内容的完整性和真实性，也能够最大限度地保护善意第三人的交易安全。

### 在哪些情况下，房产登记部门不会给办理登记？

我国《房屋登记办法》第二十二条规定："有下列情形之一的，房屋登记机构应当不予登记：（一）未依法取得规划许可、施工许可或者未按照规划许可的面积等内容建造的建筑申请登记的；（二）申请人不能提供合法、有效的权利来源证明文件或者申请登记的房屋权利与权利来源证明文件不一致的；（三）申请登记事项与房屋登记簿记载冲突的；（四）申请登记房屋不能特定或者不具有独立利用价值的；（五）房屋已被依法征收、没收，原权利人申请登记的；（六）房屋被依法查封期间，权利人申请登记的；（七）法律、法规和本办法规定的其他不予登记的情形。"因此，只有符合法律的规定，申请人的登记申请才会被许可。

### 合同期已过，但是开发商还未给房产证怎么办？

我国《最高人民法院关于审理商品房买卖合同纠纷案件适用法律若干问题的解释》第十八条规定："由于出卖人的原因，买受人在下列期限届满未能取得房屋权属证书的，除当事人有特殊约定外，出卖人应当承担违约责任：（一）商品房买卖合同约定的办理房屋所有权登记的期限；（二）商品房买卖合同的标的物为尚未建成房屋的，自房屋交付使用之日起90日；（三）商品房买卖合同的标的物为已竣工房屋的，自合同订立之日起90日。合同没有约定违约金或者损失数额难以确定的，可以按照已付购房款总额，参照中国人民银行规定的金融机构计收逾期贷款利息的标准计算。"故房地产开发企业应当协助商品房购买人办理土地使用权变更和房屋所有权登记手续。同样根据我国《最高人民法院关于审理商品房买卖合同纠纷案件适用法律若干问题的解释》第十九条规定，商品房买卖合同约定或者《城市房地产开发经营管理条例》第三十三条规定的办理房屋所有权登记的期限届满后超过一年，由于出卖人的原因，导致买受人无法办理房屋所有权登记，买受人请求解除合同和赔偿损失的，应予以支持。所以，因出卖人没按照合同约定按时办理房产权属证书的，出卖人应承担违约责任。

## "定金"与"订金"是一回事吗？

一般来说，"订金"是一种预付款，是可以要求退还的，而"定金"是一种合同的保证金，如果买方违约，是不能要回"定金"的，但如果是卖方违约，则应双倍返还。《最高人民法院关于审理商品房买卖合同纠纷案件适用法律若干问题的解释》第四条规定："出卖人通过认购、订购、预订等方式向买受人收受定金作为订立商品房买卖合同担保的，如果因当事人一方原因未能订立商品房买卖合同，应当按照法律关于定金的规定处理；因不可归责于当事人双方的事由，导致商品房买卖合同未能订立的，出卖人应当将定金返还买受人。"所以，买房者在订购书上签字的时候，一定要分辨清楚到底是"定金"还是"订金"，以免给自己造成损失。

## 【以案释法】违约金是按总房款算还是按已付房款算？

**现实困惑**

2015年9月，蔡某与某房地产开发公司签订了《商品房买卖合同》，约定：总房款30万元，同年12月31日前交房，出卖人逾期交房超过90日，买受人有权解除合同，并按买受人累计已付款的2%支付违约金。合同签订后，蔡某即支付了首付款，并办理了按揭贷款手续。但房地产公司却直至2016年6月底才通知蔡某办理入住手续。蔡某要求解除《商品房买卖合同》，并要求房地产公司支付总房款2%的违约金，但房地产公司称应按已付房款的2%支付，而不是总房款。那么，此案中的违约金应以哪个为标准赔付呢？

**律师说法**

房地产公司应按总房款的2%向蔡某支付违约金。我国《合同法》第一百零七条规定：当事人一方不履行合同或者履行合同义务不符合约定的，应当承担继续履行、采取补救措施或者赔偿损失等违约责任；第一百一十四条第一款规定：当事人可以约定一方违约时应当根据违约情况向对方支付一定数额的违约金，也可以约定因违约产生的损失赔偿额的计算方法。本案中，房地产公司未按合同约定的时间向蔡某交付房屋，已经构成违约，应当承担违约责任。按照双方的约定：以买受人累计已付款的2%向买受人支付违约金。在违约金的计算方式上，虽然该房款大部分为银行贷款，但开发商实际上已经得到合同约定的全部房款，所以，房地产公司应按照全部房款的2%向蔡某支付违约金。

### 有权属争议的房屋被买后不能过户怎么办？

根据我国《城市房地产管理法》第三十八条规定，共有房地产，未经其他共有人书面同意的，权属有争议的房地产，不得转让。因此，对于没有明确所有权的房屋，未经各方共有人同意不得转让；出售产权有争议的房产导致不能办理过户手续的，买卖合同视为无效，出售方应承担相应责任。

### 出现哪些情况时应当办理房屋所有权转移登记？需要哪些材料？

在法律文书生效或者特定事实发生后，就会发生房屋所有权的转移。

根据《房屋登记办法》第三十二条的规定："发生下列情形之一的，当事人应当在有关法律文件生效或者事实发生后申请房屋所有权转移登记：（一）买卖；（二）互换；（三）赠与；（四）继承、受遗赠；（五）房屋分割、合并，导致所有权发生转移的；（六）以房屋出资入股；（七）法人或者其他组织分立、合并，导致房屋所有权发生转移的；（八）法律、法规规定的其他情形。"同时该办法第三十三条规定："申请房屋所有权转移登记，应当提交下列材料：（一）登记申请书；（二）申请人身份证明；（三）房屋所有权证书或者房地产权证书；（四）证明房屋所有权发生转移的材料；（五）其他必要材料。前款第（四）项材料，可以是买卖合同、互换合同、赠与合同、受遗赠证明、继承证明、分割协议、合并协议、人民法院或者仲裁委员会生效的法律文书，或者其他证明房屋所有权发生转移的材料。"

【以案释法】已付全款但未办理过户的房子卖方能否要回？

**现实困惑**

2004年5月，徐某与张某签订了一份房屋买卖合同，合同约定：徐某将自有的一套商品房以10万元的价格卖给张某，张某于合同签订之日支付8万元，余款于同年10月一次性付清。徐某须在当年12月底前协助张某办理产权过户手续。张某付清了房款，徐某也交付了房屋。此后徐某反悔并表示愿意退还张某房款。张某未同意，在要求徐某按约办理过户手续遭拒后向法院起诉，请求法院判令徐某为张某办理房屋过户手续。张某的请求能否得到法院的支持？

**律师说法**

徐某应协助张某办理房屋产权过户手续。我国法律规定，城市私有房屋买卖双方须到房产管理部门办理房屋产权变更登记，未办理过户登记的买卖合同无效。但是，徐某与张某之间的买卖合同，是双方的真实意思表示。根据法律规定：买卖双方自愿并立有契约，买方交付了房款，并实际使用和管理了房屋，又没有其他违法行为，只是买卖手续不完善的，应认为买卖关系有效，但应责令其补办房屋买卖手续。徐某与张某的买卖合同体现了双方的真实意思，且房、款两清，徐某拒绝为张某办理产权变更手续的行为侵害了张某的合法权益，必须为其办理房屋过户手续，否则视为违约。

### 签订买卖合同后，房屋所有权就发生变更吗？

房屋所有权并不是签订合同就发生变更，要到相关部门登记后才能发生变更，所以购买或转让房屋时一定要依法办理房屋登记手续。根据我国《物权法》第九条规定："不动产物权的设立、变更、转让和消灭，经依法登记，发生效力；未经登记，不发生效力，但法律另有规定的除外。"第十五条规定："当事人之间订立有关设立、变更、转让和消灭不动产物权的合同，除法律另有规定或者合同另有约定外，自合同成立时生效；未办理物权登记的，不影响合同效力。"因此，在房屋买卖中，并非买方交了钱、卖方交了房，房屋的所有权就转移给买方。如果没有进行登记，即便双方钱货两清，房屋在法律上还是属于卖方所有。所以，买房者要记住，购买房屋只有依法进行变更登记，才能取得房屋的所有权。

### 【以案释法】支付了首付款及部分按揭的房子能退掉吗？

**现实困惑**

白某于2015年5月购得一处商品房，并在支付了首付款后顺利办妥了银行按揭贷款。此后，由于工作调动，白某需去别的城市工作。白某欲退掉已购得的房子，但是，白某不知如何处理已交纳了首付款和部分按揭的房子。他能否要求退掉房子呢？

**律师说法**

白某无法要求退掉房子，只能与开发商及银行协商解决。我国《合同法》规定，依法成立的合同，当事人应当按照约定履行自己的义务，不得擅自变更或解除。白某与开发商签订了房屋买卖合同，又与银行签订了按揭贷款合同，就应当按照约定履行自己的义务，否则将承担违约责任。所以，白某如想与开发商解除买卖合同，只能与开发商及银行友好协商，支付一定的补偿金或违约金，或者可以将房子卖给他人。

### 房产证上的面积与土地登记簿中的不相同怎么办？

我国《物权法》第十七条规定："不动产权属证书是权利人享有该不动产物权的证明。不动产权属证书记载的事项应当与不动产登记簿一致；记载不一致的，除有证据证明不动产登记簿确有错误外，以不动产登记簿为准。"所以，房屋产权证上信息与不动产登记簿记载不一致的，除非有证据证明不动产登记簿确有错误，其他均以不动产登记簿登记为准。

### 已经被登记预告的房屋，还可以被出卖或抵押吗？

为了保障房屋购买人的权益，我国《物权法》第二十条规定："当事人签订买卖房屋或者其他不动产物权的协议，为保障将来实现物权，按照约定可以向登记机构申请预告登记。预告登记后，未经预告登记的权利人同意，处分该不动产的，不发生物权效力。预告登记后，债权消灭或者自能够进行不动产登记之日起三个月内未申请登记的，预告登记失效。"也就是说，一旦进行了登记预告，在有效期限内，原房主将此房再次出售或者抵押的行为统统无效。

【以案释法】夫妻共有的房产必须要两人同意才能抵押吗？

> **现实困惑**
>
> 陆先生与董女士婚后省吃俭用，终于购得一套两居商品房。房产证上登载的产权人为陆先生，共有人为妻子董女士。后来，陆先生与几个朋友合伙

开公司，因资金周转不过来，陆先生欲从银行办理抵押贷款。但在与妻子商量时遭到妻子的坚决反对，无论陆先生如何解释其妻子始终未同意。陆先生很生气，称房产证上是自己的名字，自己想怎么处置就怎么处置。陆先生能否不经妻子同意办理抵押贷款呢？

**律师说法**

陆先生不经妻子同意是无法实现抵押贷款的。根据相关法律规定：在共有关系存续期间，部分共有人擅自处分共有财产，一般认定无效。陆先生与董女士是房产的共有人，房产是他们夫妻关系存续期间的共有财产。根据《婚姻法》规定：夫妻关系存续期间所得的财产，归夫妻共有，双方另有约定的除外。夫妻对共同所有的财产有同等的处分权。另根据《城市房地产抵押管理办法》规定：以共有的房地产抵押的应当先征得其他共有人的书面同意。因此，陆先生未征得妻子的同意，是无法办理抵押手续的，即使办理了抵押也是无效的。

## 房产商是否可以以建材价格上涨为由提高售房价格？

物价的涨落，对于房地产开发公司无疑是商业风险的一种，房产商选择了从事这一商业活动就应当考虑到此风险的存在，而其在商业利润的驱动下仍愿意承担，当然也要承担可能产生的损失。所以，房屋售卖存在一定的风险，对于根据市场价定价的房屋，买售双方应履行合同的规定，卖房者不得因建筑材料价格的起伏变更房屋合同规定的价格。

## 开发商可以以夏天雨水多为由延迟交房吗？

根据我国《民法通则》第一百零七条规定："因不可抗力不能履行合同或者造成他人损害的，不承担民事责任，法律另有规定的除外。""不可抗力"，是指不能预见，不能避免，并不能克服的客观情况。夏季多雨是季节特点，是正常情况，不是不可抗力，开发商应该能够预见，并能够采取相应的措施加以避免。所以，把下雨作为延迟交工的理由是不受法律保护的，应承担违约责任。

新房出现质量问题该怎么办？

新房出现质量问题，购买人可以要求开发商退房并为其损失承担赔偿责任。根据我国《城市房地产开发经营管理条例》第三十二条规定："商品房交付使用后，购买人认为主体结构质量不合格的，可以向工程质量监督单位申请重新核验。经核验，确属主体结构质量不合格的，购买人有权退房；给购买人造成损失的，房地产开发企业应当依法承担赔偿责任。"由此可知，所购买的房屋经工程质量监督单位核验认定有质量问题的，购买人可以要求退房，造成的损失应由开发商给予赔偿。

实际房屋面积与开发商承诺面积不同怎么办？

我国《最高人民法院关于审理商品房买卖合同纠纷案件适用法律若干问

题的解释》第十四条规定:"出卖人交付使用的房屋套内建筑面积或者建筑面积与商品房买卖合同约定面积不符,合同有约定的,按照约定处理;合同没有约定或者约定不明确的,按照以下原则处理:(一)面积误差比绝对值在3%以内(含3%),按照合同约定的价格据实结算,买受人请求解除合同的,不予支持;(二)面积误差比绝对值超出3%,买受人请求解除合同、返还已付购房款及利息的,应予支持。买受人同意继续履行合同,房屋实际面积大于合同约定面积的面积误差比在3%以内(含3%)部分的房价款由买受人按照约定的价格补足,面积误差比超出3%部分的房价款由出卖人承担,所有权归买受人;房屋实际面积小于合同约定面积的,面积误差比在3%以内(含3%)部分的房价款及利息由出卖人返还买受人,面积误差比超过3%部分的房价款由出卖人双倍返还买受人。"由此可知,法律对房屋建筑面积与合同承诺的面积不符的情况有明确的规定,如合同有约定的按合同约定处理;合同没有约定的按照法律规定处理,以维护当事人的合法权益。

【以案释法】公摊面积被重复销售怎么办?

**现实困惑**

2016年王某购买了某住宅小区的一套房子,并按合同对公用设施、公用面积进行了认购。后来,王某欲到楼顶检查一下相关设施,却发现顶层大约有10平方米的走廊被封闭了,并加装了防盗门。经查得知,这是家住顶楼的牛某所为,牛某称开发商将走廊卖给了自己。王某找到开发商,开发商竟称这是开发公司的权利,愿卖谁就卖谁,与他人无关。王某很纳闷,自己花钱买的公摊面积怎么成了开发公司的?

**律师说法**

开发商的行为是不符合法律规定的。我国《物权法》第七十条规定:"业主对建筑物内的住宅、经营性用房等专有部分享有所有权,对专有部分以外的共有部分享有共有和共同管理的权利。"第七十一条规定:"业主对其建筑物专有部分享有占有、使用、收益和处分的权利。业主行使权利不得危及建

> 物的安全,不得损害其他业主的合法权益。"本案中,开发商在出卖房屋时已经将公用面积出售,此时全体业主才是该公用面积的所有权人,而开发商已不具备对其进行处分的资格。因此,开发商将走廊出售给牛某的行为是不具有法律效力的。王某和其他住户可以要求开发商和牛某恢复走廊的原样。

### 租房合同约定的租期最长为多久?

根据我国《合同法》第二百一十四条的规定:"租赁期限不得超过二十年。超过二十年的,超过部分无效。租赁期间届满,当事人可以续订租赁合同,但约定的租赁期限自续订之日起不得超过二十年。"因此,租赁合同的最长期限为二十年,超出此法定期限部分无效。

### 出租人在房屋租赁期限届满后没有提出异议的,租赁合同还有效吗?

原签订的租赁合同继续有效。根据我国《合同法》第二百三十六条规定,租赁期间届满,如果承租人继续使用租赁物而出租人也没有提出异议,原租赁合同继续有效,只不过租赁期限改为不定期,双方可以随时提出解除合同。出租人要解除合同的,需要在合理期限之前通知承租人。根据该法第二百三十二条的规定:"当事人对租赁期限没有约定或者约定不明确,依照本法第六十一条的规定仍不能确定的,视为不定期租赁。当事人可以随时解除合同,但出租人解除合同应当在合理期限之前通知承租人。"由此可知,房屋租赁期限届满后出租人没有提出异议的,租赁期限改为不定期租赁状态,终止这一不定期状态应当给予合理的宽限期。

### 出租人可以将承租人擅自转租的房子收回吗?

根据《商品房屋租赁管理办法》第十一条规定:"承租人转租房屋的,应当经出租人书面同意。承租人未经出租人书面同意转租的,出租人可以解除租赁合同，收回房屋并要求承租人赔偿损失。"由此可见，承租人擅自转租的，出租人不仅可以将房子收回，还可以要求其承担相应的损失。需要注意的是，根据《最高人民法院关于审理城镇房屋租赁合同纠纷案件具体应用法律若干问题的解释》第十六条的规定，出租人知道或者应当知道承租人转租，但在六个月内未提出异议，以承租人未经其同意为由请求解除合同或者认定转租合同无效的，人民法院不予支持。

### 出租房屋还需要备案吗？备案需要的材料有哪些？

根据《商品房屋租赁管理办法》第十四条规定："房屋租赁合同订立后三十日内，房屋租赁当事人应当到租赁房所在地直辖市、市、县人民政府建设（房地产）主管部门办理房屋租赁登记备案。房屋租赁当事人可以书面委托他人办理租赁登记备案。"由此可见，出租房屋是需要备案的。同时根据《商品房屋租赁管理办法》第十五条的规定，办理房屋租赁登记备案，房屋租赁当事人应当提交下列材料：（一）房屋租赁合同；（二）房屋租赁当事人身份证明；（三）房屋所有权证书或者其他合法权属证明；（四）直辖市、市、县人民政府建设（房地产）主管部门规定的其他材料。房屋租赁当事人提交的材料应当真实、合法、有效，不得隐瞒真实情况或者提供虚假材料。

·第八章　信贷担保篇·

第八章　语言与民族

## 第八章 信贷担保篇

**自然人之间借款是否需要签订书面合同？**

银行或金融机构借款时必须采用书面合同的形式，而自然人之间的借款，往往大家相互比较熟悉，所以自然人之间的借款可以采用口头形式或者书面形式。我国《合同法》第一百九十七条第一款规定："借款合同采用书面形式，但自然人之间借款另有约定的除外。"由于口头形式固有的局限性，比方说出现纠纷难以举证，所以尽管法律规定了自然人之间的借款可以采用口头形式，但是为了保护自己的权益，最好还是签订书面形式的借款合同。

**朋友之间借款没有约定利息，利息还需要给吗？**

我国《合同法》第二百一十一条第一款明确规定："自然人之间的借款合

同对支付利息没有约定或者约定不明确的，视为不支付利息。"换句话说，朋友之间没有约定利息的借款，是不需要支付利息的。

### 哪些人可以作为保证人？

根据我国《担保法》第七条的规定："具有代为清偿债务能力的法人、其他组织或者公民，可以作保证人。"因此，保证人包括具有代为清偿债务能力的法人、其他组织或者公民。

### 未经保证人同意债务就被转让，保证人还要负担保责任吗？

我国《物权法》第一百七十五条规定："第三人提供担保，未经其书面同意，债权人允许债务人转移全部或者部分债务的，担保人不再承担相应的担保责任。"因此，债务被转让时并未经保证人同意，保证人不再承担相应的担保责任。

### 什么是共同保证？

共同保证是指两人或两人以上对同一债务人的同一债务所做的保证。共同保证最大的特点是保证人至少是两人以上，共同保证可分为按份保证和连带保证。

### 连带责任保证是怎么回事？

当事人在保证合同中约定保证人与债务人对债务承担连带责任的以及保证人未与债权人约定保证份额或者约定不明确的，都称为连带保证。连带责任保证的债务人没有在主合同规定的债务履行期限内完成债务履行，债权人有权要求债务人履行债务，并且能够要求保证人在其保证范围内承担保证责任。各保证人应当承担的保证份额，依共同保证人之间的约定而定；保证人之间没有约定或者约定不明确的，应当视为各保证人平均分担保证责任。连带保证人向债权人承担保证责任后，可以向主债务人追偿，也可以要求其他保证人清偿其应当承担的份额。

【以案释法】有担保的债权可以优先受偿吗？

**现实困惑**

张成分别向刘伟、李林及王华借款50万元，并以自己的一幢房屋向刘伟提供了担保。债务清偿期到了，张成无力偿还欠款，只好卖房屋，得款100万元。这100万元应该如何在三个债权人之间分配？

**律师说法**

张成应向刘伟清偿50万元，剩余50万元由李林及王华平分。我国《物权法》第一百七十条规定："担保物权人在债务人不履行到期债务或者发生当事人约定的实现担保物权的情形，依法享有就担保财产优先受偿的权利，但法律另有规定的除外。"也就是说，把钱借给他人，如果取得了合法的担保，则在实现债务时可以优先于其他债权人。本案中，刘伟取得了对张成房屋的担保物权，因此他可以优先于李林、王华受偿。

在不知情的情况下为赌债所做的保证，需要承担保证责任吗？

我国《物权法》第一百七十二条规定："设立担保物权，应当依照本法和其他法律的规定订立担保合同。担保合同是主债权债务合同的从合同。主债权债务合同无效，担保合同无效，但法律另有规定的除外。"我国《担保法》第五条规定："担保合同是主合同的从合同，主合同无效，担保合同无效。担保合同另有约定的，按照约定。"《最高人民法院关于适用〈中华人民共和国担保法〉若干问题的解释》第八条规定："主合同无效而导致担保合同无效，担保人无过错的，担保人不承担民事责任；担保人有过错的，担保人承担民事责任的部分，不应超过债务人不能清偿部分的三分之一。"据此可见，因赌债不受法律保护，赌债作为主合同是无效的，同时担保合同也是无效的。

因此，在不知情的情况下为赌债所作的保证，保证人不需要承担任何担保责任。

### 没有明确约定保证方式的，保证人需要承担连带保证责任吗？

我国《担保法》第十九条规定："当事人对保证方式没有约定或者约定不明确的，按照连带责任保证承担保证责任。"因此，没有明确约定保证方式的，保证人需要按照连带责任保证承担保证责任。

### 【以案释法】双方可以约定到期不还款直接以抵押物抵债吗？

**现实困惑**

甲向乙借款20万元，甲以新买的一辆帕萨特作为抵押。双方约定，如果到期甲不能偿还债务，就直接以这辆帕萨特抵债。还款期届满，甲不能偿还债务，于是乙要求甲直接把帕萨特过户到他的名下，甲迟迟不肯办理过户手续，于是乙到法院起诉。乙的要求会得到法院的支持吗？

**律师说法**

乙的要求不会得到法院的支持。本案中双方的约定属于流质契约，所谓流质契约是指当事人在签订抵押合同时，或者债权清偿期届满前，约定如果债务人无法清偿债务，则抵押物的所有权转移为债权人所有的契约。我国《物权法》第一百八十六条规定："抵押权人在债务履行期届满前，不得与抵押人约定债务人不履行到期债务时抵押财产归债权人所有。"《担保法》第四十条规定："订立抵押合同时，抵押权人和抵押人在合同中不得约定在债务履行期届满抵押权人未受清偿时，抵押物的所有权转移为债权人所有。"由此，乙不能取得该车的所有权，只能就拍卖该车所得价款优先受偿。

### 对同一债务有两个以上保证人的，该如何承担保证责任？

根据我国《担保法》第十二条的规定，同一债务有两个以上保证人的，保证人应当按照保证合同约定的保证份额承担保证责任。没有约定保证份额的，保证人承担连带责任，债权人可以要求任何一个保证人承担全部保证责任，保证人都负有担保全部债权实现的义务。已经承担保证责任的保证人有权向债务人追偿，或者要求承担连带责任的其他保证人清偿其应当承担的份额。因此，两个以上的保证人对同一债务的担保责任，应当按照保证合同约定的保证份额，承担保证责任，没有约定保证份额的，债权人可以要求任何一个保证人承担全部保证责任；保证人都负有担保全部债权实现的义务。

## 担保物被征收，担保物权人可以就补偿金优先受偿吗？

我国《物权法》第一百七十四条规定："担保期间担保财产毁损、灭失或者被征收等，担保物权人可以就获得的保险金、赔偿金或者补偿金等优先受偿。被担保债权的履行期未届满的，也可以提存该保险金、赔偿金或者补偿金等。"我国《担保法》第五十八条规定："抵押权因抵押物灭失而消灭。因灭失所得的赔偿金，应当作为抵押财产。"《最高人民法院关于适用〈中华人民共和国担保法〉若干问题的解释》第八十条规定："在抵押物灭失、毁损或者被征用的情况下，抵押权人可以就该抵押物的保险金、赔偿金或者补偿金优先受偿。"根据上述法律规定可知，担保物被征收的，担保权人可以就补偿金优先受偿。

## 抵押权人未在规定时间行使抵押权，法院还会给予保护吗？

抵押权的行使是有一定期限限制的。我国《物权法》第二百零二条规定："抵押权人应当在主债权诉讼时效期间行使抵押权；未行使的，人民法院不予保护。"因此，抵押权人未在规定时间内行使抵押权的，人民法院就不再保护抵押权人的利益，当时的抵押就白设定了。

【以案释法】抵押权到期不行使会作废吗？

**现实困惑**

程某向朱某借款5万元，期限为一年，并以自己的轿车作为抵押提供担保。一年的期限届满后，朱某要求程某还钱，程某表示现在没钱，暂时不还。又过了一年，朱某再次要求程某还钱，程某仍推托不还。朱某要求对程某的轿车行使优先受偿权，程某以朱某在借款期限届满时未主张抵押权而使抵押权归于无效为由，拒绝朱某行使抵押权。朱某的抵押权是否因没有及时行使而消灭？

**律师说法**

朱某的抵押权没过法定时效期限，仍然可以向程某主张。我国《民法总则》规定了诉讼时效制度。即当事人向法院请求保护其权利是有一定的时间限制的，过了法定的时限，法院对权利不再保护。抵押权作为一项权利，也受诉讼时效的限制。抵押权人如果过了法定的期限没有行使抵押权，则抵押权归于消灭。我国《物权法》第二百零二条规定："抵押权人应当在主债权诉讼时效期间行使抵押权；未行使的，人民法院不予保护。" 也就是说，抵押权的诉讼时效与主债权期间相同。根据《民法总则》的规定，一般情况下诉讼时效期间为三年。具体到本案，抵押权的诉讼时效期间与主债权相同，即同为三年。朱某抵押权的三年诉讼时效期间未满，可以要求就被抵押的汽车优先受偿。

### 未及时拍卖导致质押物贬值，该损失应当由谁承担？

我国《物权法》第二百二十条规定："出质人可以请求质权人在债务履行期届满后及时行使质权；质权人不行使的，出质人可以请求人民法院拍卖、变卖质押财产。出质人请求质权人及时行使质权，因质权人怠于行使权利造成损害的，由质权人承担赔偿责任。"因此，如果出质人请求质权人及时行使质权，但是因质权人怠于行使权利造成质物损失的，由质权人承担赔偿责任。

### 债权人放弃债务人以自己的财产设定抵押权时，担保人的担保会因此而发生变化吗？

我国《物权法》第一百九十四条第二款规定："债务人以自己的财产设定抵押，抵押权人放弃该抵押权、抵押权顺位或者变更抵押权的，其他担保人在抵押权人丧失优先受偿权益的范围内免除担保责任，但其他担保人承诺仍然提供担保的除外。"由此可见，除其他担保人承诺提供担保的以外，债权人放弃债务人以自己的财产设定的抵押权的，其他担保人在抵押权人丧失优先受偿权益的范围内免除担保责任。

· 第九章　民事诉讼篇 ·

# 第九章　民事诉讼篇

各级人民法院审理案件的范围是怎样的?

我国的法院有四级,分别为基层人民法院、中级人民法院,高级人民法院和最高人民法院,明晰各级人民法院分别审理的一审案件范围,需要依据我国民事诉讼立法中关于级别管辖的规定来确定。我国《民事诉讼法》第十七条规定:"基层人民法院管辖第一审民事案件,但本法另有规定的除外。"第十八条规定:"中级人民法院管辖下列第一审民事案件:(一)重大涉外案件;(二)在本辖区有重大影响的案件;(三)最高人民法院确定由中级人民法院管辖的案件。"第十九条规定:"高级人民法院管辖在本辖区有重大影响的第一审

民事案件。"第二十条规定:"最高人民法院管辖下列第一审民事案件:(一)在全国有重大影响的案件;(二)认为应当由本院审理的案件。"据此可知,我国的四级法院各自受理一审民事案件的分工和权限概况,有助于明确案件审判权的落实。

## "住所地"和"经常居住地"两者如何区分?

诉论中经常用到"住所地""经常居住地"等词语,两词看似相似,实则不同。根据《最高人民法院关于适用〈中华人民共和国民事诉讼法〉的解释》第三条:"公民的住所地是指公民的户籍所在地,法人或者其他组织的住所地是指法人或者其他组织的主要办事机构所在地。法人或者其他组织的主要办事机构所在地不能确定的,法人或者其他组织的注册地或者登记地为住所地。"公民和法人都有其"住所地",而"经常居住地"只有公民才有。《最高人民法院关于适用〈中华人民共和国民事诉讼法〉的解释》第四条规定:"公民的经常居住地是指公民离开住所地至起诉时已连续居住一年以上的地方,但公民住院就医的地方除外。"所以说,"住所地"一般来说是登记的地址,而"经常居住地"一般来说是实际居住的地址,具体界定依据法律规定。

## 【以案释法】被告不是本地人,到哪儿去起诉?

**现实困惑**

黄某是一家广告公司的部门主管经理。一天,黄某到某市出差,工作之余在街上闲逛,不慎被车撞了。黄某随即被送到医院,经过检查,伤势不重。回到公司后的黄某经常感到晕眩,经过详细的检查,表明是上次事故的后遗症。黄某遂联系肇事司机,要求损害赔偿。肇事司机不理会,黄某遂决定诉诸法律。但是,黄某与肇事司机不在同一个城市,不知道要向哪个法院提起诉讼?

**律师说法**

我国在民事诉讼管辖中,一般适用"原告就被告"原则。"原告就被告"原则是指被告在哪个法院辖区,原告就到哪个法院起诉,案件就归被告所在地法院管辖。此处所说的当事人的所在地,不仅指户口所在地,也包括经常居住地。我国《民事诉讼法》第二十一条规定:"对公民提起的民事诉讼,由被告住所地人民法院管辖;被告住所地与经常居住地不一致的,由经常居住地人民法院管辖。对法人或者其他组织提起的民事诉讼,由被告住所地人民法院管辖。同一诉讼的几个被告住所地、经常居住地在两个以上人民法院辖区的,各该人民法院都有管辖权。"本案中,黄某与被告不在同一个城市,根据"原告就被告"的原则,黄某可到被告所在地去提起诉讼。这样做有利于查清案件事实,及时、准确地做出裁判,也有利于双方当事人出庭应诉。同时,《民事诉讼法》第二十八条规定:"因侵权行为提起的诉讼,由侵权行为地或者被告住所地人民法院管辖。"因此,黄某也可在其出差的城市对肇事司机提起诉讼,理由是该市为侵权行为地。

## 【以案释法】夫妻常年在外打工,想要离婚应该到哪个法院起诉?

**现实困惑**

陈某与刘某夫妻俩居住在一个较为偏远的山村。顺应潮流,夫妻俩先后离开农村老家,到大城市去打工。久而久之,两人回家的次数越来越少,后来就长期居住在各自打工的城市。长期的分居使两人的感情日渐淡薄,两人经商议决定离婚,但是在财产分割的问题上出现分歧,因此两人决定诉讼离婚。两人全都不在老家居住,要向哪个法院提起诉讼呢?

**律师说法**

《最高人民法院关于适用〈中华人民共和国民事诉讼法〉的解释》第十二条规定:"夫妻一方离开住所地超过一年,另一方起诉离婚的案件,可以由原告住所地人民法院管辖。夫妻双方离开住所地超过一年,一方起诉离婚的案件,由被告经常居住地人民法院管辖;没有经常居住地的,由原告起诉时被告居住地人民法院管辖。"该案件应由被告经常居住地的人民法院管辖。设定管辖权是为了使案件的审理过程更加顺利，在双方当事人都参与的情况下，使争议更好地解决。总之，一切原则的适用都是出于这个目的。本案中，夫妻双方都已不在原籍居住，如果还由原籍法院管辖，则对双方当事人的应诉都是不利的。因此，鉴于双方都在各自居住的城市长期定居，则可以将两人的现居住地认定为两人的经常居住地。本案的原告可以到被告经常居住地，也就是被告现居住地的法院提起诉讼。

### 当事人未及时提供证据的后果是什么？

在人民法院确定举证期限后，当事人应该积极搜集与诉讼请求有关的事实证据。但当事人又因一些原因没有及时搜集证据的，可以适用《最高人民法院关于适用〈中华人民共和国民事诉讼法〉的解释》第一百零一条的规定：当事人逾期提供证据的，人民法院应当责令其说明理由，必要时可以要求其提供相应的证据。当事人因客观原因逾期提供证据，或者对方当事人对逾期提供证据未提出异议的，视为未逾期。

### 在证据中，如何界定视听资料和电子数据？

民事证据包括八类，其中包括视听资料和电子数据。我国《最高人民法院关于适用〈中华人民共和国民事诉讼法〉的解释》第一百一十六条对视听资料和电子数据进行了解释："视听资料包括录音资料和影像资料。电子数据是指通过电子邮件、电子数据交换、网上聊天记录、博客、微博、手机短信、电子签名、域名等形成或者存储在电子介质中的信息。存储在电子介质中的录音资料和影像资料，适用电子数据的规定。"在越来越发达的信息时代，有必要了解作为证据的视听资料和电子证据，以便提高诉讼效率。

## 【以案释法】偷拍偷录的视听资料是合法的证据吗？

**现实困惑**

韩某自与丈夫刘某结婚以来，一直赋闲在家。不久前，韩某得知丈夫在外面包养了情人，便与姐姐一同跟踪丈夫刘某，终于在一天晚上跟踪丈夫到了情人的住所。韩某没有轻举妄动，而是潜入屋内，用录像机将丈夫与情人约会的场景都拍摄了下来。拿到证据后的韩某立即向法院起诉，提出离婚诉求并要求赔偿。偷拍偷录的视听资料可以作为合法证据吗？

**律师说法**

我国法律规定，证据的来源应当合法。《最高人民法院关于民事诉讼证据的若干规定》第六十八条规定："以侵害他人合法权益或者违反法律禁止性规定的方法取得的证据，不能作为认定案件事实的依据。"偷拍偷录的视听资料能否作为合法证据，要视具体情况而定。关键在于偷录的视听资料是否侵害了被偷录人的合法权益。如果没侵害，就视为合法证据，如果侵害了，不但证据被视为非法证据，拍摄人还要因侵害了被偷录人的合法权益而被追究刑事责任。本案中，韩某和她的姐姐非法侵入别人的住宅，将约会这种非常私密的情景拍摄下来，构成了侵权，且性质比较恶劣。偷录到的视听资料属于严重的侵犯人权，当然不能作为合法证据。

## 证人的出庭费用应当由谁支付？

当事人申请证人出庭的，证人的出庭费用先由当事人垫付。《最高人民法院关于适用〈中华人民共和国民事诉讼法〉的解释》第一百一十八条规定了证人出庭的补贴标准："民事诉讼法第七十四条规定的证人因履行出庭作证义务而支出的交通、住宿、就餐等必要费用，按照机关事业单位工作人员差旅费用和补贴标准计算；误工损失按照国家上年度职工日平均工资标准计算。人民法院准许证人出庭作证申请的，应当通知申请人预缴证人出庭作证费用。"这项规定为证人出庭作证降低了难度。

### 在勘验时，当事人的隐私是否受保护？

根据《最高人民法院关于适用〈中华人民共和国民事诉讼法〉的解释》第一百二十四条规定："人民法院认为有必要的，可以根据当事人的申请或者依职权对物证或者现场进行勘验。勘验时应当保护他人的隐私和尊严。人民法院可以要求鉴定人参与勘验。必要时，可以要求鉴定人在勘验中进行鉴定。"由此可见，在勘验中应该保护当事人的隐私。

### 可以保全到期的债权吗？

根据《最高人民法院关于适用〈中华人民共和国民事诉讼法〉的解释》第一百五十九条的规定："债务人的财产不能满足保全请求，但对他人有到期债权的，人民法院可以依债权人的申请裁定该他人不得对本案债务人清偿。该他人要求偿付的，由人民法院提存财物或者价款。"

### 申请诉前保全必须提供担保吗？

诉前保全可以避免利害关系人遭受难以弥补的损害，对于保障利害关系人的利益有重要意义。诉前保全可以由法院依职权启动，也可以由利害关系人申请启动。在法院依职权启动中，法院可以责令申请人提供担保，并非"应当"。那么由利害关系人申请采取诉前保全措施的，必须提供担保吗？我国《民事诉讼法》第一百零一条第一款规定："利害关系人因情况紧急，不立即申请保全将会使其合法权益受到难以弥补的损害的，可以在提起诉讼或者申请仲裁前向被保全财产所在地、被申请人住所地或者对案件有管辖权的人民法院申请采取保全措施。申请人应当提供担保，不提供担保的，裁定驳回申请。"根据以上规定可见，申请诉前保全必须提供担保。否则，法院会裁定驳回申请。

## 开庭审理可以延期的情况有哪些？

延期审理是指在诉讼过程中，由于出现法定事由，导致人民法院无法在原定日期开庭审理案件，遂将开庭审理延迟到另一日期。人民法院决定延期审理后，即可以当庭通知下次开庭审理的日期和地点，不能即时确定的，可另行通知。我国《民事诉讼法》第一百四十六条规定，有下列情形之一的，可以延期开庭审理：（一）必须到庭的当事人和其他诉讼参与人有正当理由没有到庭的；（二）当事人临时提出回避申请的；（三）需要通知新的证人到庭，调取新的证据，重新鉴定、勘验，或者需要补充调查的；（四）其他应当延期的情形。其中，属于"其他应当延期的情形"较多，例如一方当事人在诉讼过程中被拘留，无法继续开庭审理的情形。

## 哪些民事诉讼案件不能调解？

对于有可能通过调解解决的民事案件，人民法院应当调解，但是在民事诉讼中有些案件是不能进行调解的。根据我国《最高人民法院关于适用〈中华人民共和国民事诉讼法〉的解释》第一百四十三条规定："适用特别程序、

督促程序、公示催告程序的案件，婚姻等身份关系确认案件以及其他根据案件性质不能进行调解的案件，不得调解。"

## 法院在调解时当事人不能出庭，调解还能继续吗？

人民法院在调解时可能会遇到当事人不能出庭的情况，那么这种情况还能进行调解吗？根据我国《最高人民法院关于适用〈中华人民共和国民事诉讼法〉的解释》第一百四十七条规定："人民法院调解案件时，当事人不能出庭的，经其特别授权，可由其委托代理人参加调解，达成的调解协议，可由委托代理人签名。离婚案件当事人确因特殊情况无法出庭参加调解的，除本人不能表达意志的以外，应当出具书面意见。"由此可见，当事人不能出庭的，也能进行调解。需要注意的是，在离婚案件中当事人因特殊情况无法出庭的，要出具书面意见，但是本人不能表达意志的情况除外。

【以案释法】仅"全权代理"四个字就可以完全授权吗？

**现实困惑**

刘某是某化工厂的工人。一天，刘某骑着自行车回家，在十字路口被一辆闯红灯的汽车撞成重伤，被送到医院后，经抢救脱离了生命危险。刘某要求肇事司机作出赔偿，遭到拒绝。刘某遂向法院提起侵权诉讼。但是，重伤的刘某不能参与庭审，刘某便委托律师韩某"全权代理"此案。这里所说的"全权代理"四个字就可以得到完全授权吗？

**律师说法**

《最高人民法院关于适用〈中华人民共和国民事诉讼法〉的解释》第八十九条第一款规定："当事人向人民法院提交的授权委托书，应当在开庭审理前送交人民法院。授权委托书仅写"全权代理"而无具体授权的，诉讼代理人无权代为承认、放弃、变更诉讼请求，进行和解，提出反诉或者提起上诉。"《民事诉讼法》第五十九条第二款规定："授权委托书必须记明委托事项和权限。诉讼代理人代为承认、放弃、变更诉讼请求，进行和解，提起反诉或者上诉，必须有委托人的特别授权。"由此，在民事诉讼中，当事人委托诉讼代理人，并授权其"全权代理"的，诉讼代理人无权代为承认、放弃、变更诉讼请求，进行和解，提起反诉或者上诉。这显然与人们通常理解的全权代理概念不一样，也就是说，"全权代理"不是一种全面的授权，而是一种有限制授权。在本案中，刘某委托律师代理进行本案的诉讼，应该是希望代理律师可以不必事事请示刘某，而较为独立地处理此案。因此，刘某应该将授权的事项和权限具体表达清楚，而不能笼统地授权，否则，代理律师根本得不到相应的授权。

### 调解案件时，应当遵循哪些便利原则？

法院调解成为人民法院审结案件的一种方式。法院调解有利于提高办案效率，主要体现在我国《民事诉讼法》第九十四条："人民法院进行调解，可以由审判员一人主持，也可以由合议庭主持，并尽可能就地进行。人民法院进行调解，可以用简便方式通知当事人、证人到庭。"根据以上规定可见，在法院调解中，对于审判方式的选择较为灵活，既可以采用独任制，也可采用合议制。在地点选择上，允许就地进行。在通知上，可以采用简便方式。以上都是调解案件遵循便利原则的体现。

### 当事人不服一审判决的，在多长时间内可以上诉？

上诉期限的规定，目的在于给予当事人及其法定代理人必要的考虑、准备时间，同时保证二审程序能够及时、顺利地进行，如果当事人不上诉，该规定也能够保证一审判决、裁定能够迅速执行。我国《民事诉讼法》第一百六十四条规定："当事人不服地方人民法院第一审判决的，有权在判决书送达之日起十五日内向上一级人民法院提起上诉。当事人不服地方人民法院第一审裁定的，有权在裁定书送达之日起十日内向上级人民法院提起上诉。"

因此，一审判决的上诉期限是收到判决书之日起十五日内，一审裁定的上诉期限是收到裁定书之日起十日内。

## 第二审人民法院不予开庭审理的上诉案件有哪些？

根据我国《最高人民法院关于适用〈中华人民共和国民事诉讼法〉的解释》第三百三十三条的规定，第二审人民法院对下列上诉案件，依照民事诉讼法第一百六十九条规定可以不开庭审理：（一）不服不予受理、管辖权异议和驳回起诉裁定的；（二）当事人提出的上诉请求明显不能成立的；（三）原判决、裁定认定事实清楚，但适用法律错误的；（四）原判决严重违反法定程序，需要发回重审的。

## 第二审人民法院对于上诉案件该如何区分处理？

我国《民事诉讼法》第一百七十条规定，第二审人民法院对于上诉案件，根据不同情形进行分别处理：（一）原判决、裁定认定事实清楚，适用法律正确的，以判决、裁定方式驳回上诉，维持原判决、裁定；（二）原判决、裁定认定事实错误或者适用法律错误的，以判决、裁定方式依法改判、撤销或者变更；（三）原判决认定基本事实不清的，裁定撤销原判决，发回原审人民法院重审，或者查清事实后改判；（四）原判决遗漏当事人或者违法缺席判决等严重违反法定程序的，裁定撤销原判决，发回原审人民法院重审。原审人民法院对发回重审的案件作出判决后，当事人提起上诉的，第二审人民法院不得再次发回重审。

【以案释法】因不可抗力导致过了上诉期，还能上诉吗？

**现实困惑**

黄某在一家酒店用餐时，因吃了不洁的食物导致腹痛、腹泻，黄某遂向法院提起侵权诉讼，要求损害赔偿。法院支持了黄某的诉求，但是判决的赔偿金额没有达到黄某的要求，黄某遂决定上诉。此时，正在外地出差的黄某正要赶回，不巧赶上洪水暴发，道路不通。黄某只得在外地停留了一个月，等黄某赶回来时，已经过了上诉期，黄某还有权利上诉吗？

**律师说法**

黄某仍然有上诉权。上诉，是指当事人不服第一审人民法院作出的未生效裁判，在法定期间内，要求上一级人民法院对上诉请求的有关事实和法律适用，进行审理的诉讼行为。同很多民事诉讼程序一样，上诉也是有时效限制的，当事人必须要在法定的时间内提起上诉才有效。但是《民事诉讼法》第八十三条规定："当事人因不可抗拒的事由或者其他正当理由耽误期限的，在障碍消除后的十日内，可以申请顺延期限，是否准许，由人民法院决定。"本案中，黄某在外地出差，由于天灾影响，无法在规定的时间内提起上诉，属于不可抗力，无法避免。如果黄某在道路畅通后十日内提起上诉，法院会认定在法定上诉期内，黄某依然享有上诉权。

### 申请执行后，人民法院不执行的，申请人该怎么办？

通常申请人递交申请执行书后，人民法院就会依据执行文书开展执行工作，但是现实生活中也存在着法院消极执行，无故拖延执行的情况。为维护申请人合法权益，规范执行程序，我国《民事诉讼法》第二百二十六条专门规定："人民法院自收到申请执行书之日起超过六个月未执行的，申请执行人可以向上一级人民法院申请执行。上一级人民法院经审查，可以责令原人民法院在一定期限内执行，也可以决定由本院执行或者指令其他人民法院执行。"因此，法律赋予申请执行人在一定情况下可以行使变更执行法院的权利，避免因法院怠于执行给申请人造成财产损害。

### 据以执行的判决有错误，如何处理被执行的财产？

在案件执行完毕后，会存在执行错误的情形，需要采取补救措施纠正执行中的错误,这就是执行回转制度。一般引起执行回转的情形分为三类:一是先予执行中的执行行为被案件最终生效推翻;二是再审程序中将原裁判文书推翻,原判决文书已执行完毕;三是法院用以执行的法律文书依据被其制作机关撤销的。我国《民事诉讼法》第二百三十三条规定:"执行完毕后,据以执行的判决、裁定和其他法律文书确有错误,被人民法院撤销的,对已被执行的财产,人民法院应当作出裁定,责令取得财产的人返还;拒不返还的,强制执行。"据此可知,据以执行的判决被推翻后,法院会责令取得财产的人返还已被执行的财产。

【以案释法】执行后被执行人妨碍执行的,还可以适用强制措施吗?

**现实困惑**

某化纤厂欠某机械公司货款59万元拒不归还,该机械公司起诉至法院,法院依法判决化纤厂应归还货款及其利息。判决生效后,机械公司申请强制执行。法院的执行人员经调查发现,该化纤厂的账户上没有存款,因此依法执行了化纤厂的三辆卡车和一辆轿车。法院在办理完过户手续后,将车辆交给机械公司。机械公司在运输过程中,遭到化纤厂的拦截,三辆卡车被扣在了化纤厂。此种情况,还可以要求法院帮助吗?

**律师说法**

此种情况,法院应该强制执行。《最高人民法院关于适用〈中华人民共和国民事诉讼法〉的解释》第五百二十一条规定:"在执行终结六个月内,被执行人或者其他人对已执行的标的有妨害行为的,人民法院可以依申请排除妨害,并可以依照民事诉讼法第一百一十一条规定进行处罚。因妨害行为给执行债权人或者其他人造成损失的,受害人可以另行起诉。"本案中,强制执行虽然已经完毕,但化纤厂的行为仍构成妨害民事诉讼的行为,按照我国目前法律的规定,法院应根据机械公司的申请,给予化纤厂相应的处罚。并且,机械公司因妨害行为遭受的损失,还可以另行起诉要求化纤厂予以赔偿。

### 扣押被执行人的财产时，其抚养的孩子应当纳入考虑范围吗？

我国《民事诉讼法》第二百四十四条明确规定："被执行人未按执行通知履行法律文书确定的义务，人民法院有权查封、扣押、冻结、拍卖、变卖被执行人应当履行义务部分的财产。但应当保留被执行人及其所扶养家属的生活必需品。采取前款措施，人民法院应当作出裁定。"根据以上规定可见，人民法院在强制执行中，必须保留被执行人及其所扶养家属的生活必需品，保障其基本生活需要。被执行人所抚养的孩子属于被执行人扶养的家属，扣押被执行人财产时，应当考虑其所抚养的孩子。

### 留置送达的含义是什么？留置送达适用于哪些情况？

留置送达是指在诉讼文书送达受送达人时，受送达人拒绝签收，送达人依照法定程序把诉讼文书留放在受送达人住所的送达方式。《最高人民法院关于适用〈中华人民共和国民事诉讼法〉的解释》第一百三十条规定："向法人或者其他组织送达诉讼文书，应当由法人的法定代表人、该组织的主要负责人或者办公室、收发室、值班室等负责收件的人签收或者盖章，拒绝签收或者盖章的，适用留置送达。"《民事诉讼法》第八十六条规定的有关基层组织和所在单位的代表，可以是受送达人住所地的居民委员会、村民委员会的工作人员以及受送达人所在单位的工作人员。另外，送达对象有可能是受送达人的诉讼代理人。《最高人民法院关于适用〈中华人民共和国民事诉讼法〉的解释》第一百三十二条还规定："受送达人有诉讼代理人的，人民法院既可以向受送达人送达，也可以向其诉讼代理人送达。受送达人指定诉讼代理人为代收人的，向诉讼代理人送达时，适用留置送达。"

### 未交齐诉讼费导致撤诉处理的，已交的费用可以要回吗？

诉讼费是指当事人为向人民法院提起诉讼程序应当缴纳的费用，包括案件受理费和其他诉讼费用。在现实的诉讼中，可能会出现原告未交齐或没有交纳诉讼费用的情形,那么原告因未交齐诉讼费而按撤诉处理后,原来已交的部分诉讼费用还退吗?根据我国《最高人民法院关于适用〈中华人民共和国民事诉讼法〉的解释》第一百九十九条第二款规定:"原告无正当理由未按期足额补交的,按撤诉处理,已经收取的诉讼费用退还一半。"据此可知,原告因未交齐诉讼费用而按撤诉处理后,原来已交的部分诉讼费用会退还一半。